KB054135

2024
새로운 주식시장에 올라타라

2024 새로운 주식시장에 올라타라

초판 1쇄 2024년 1월 16일

지은이 매일경제TV 김태윤 김용환 노광민 김영민 김준호 김동호 권시현
펴낸이 허연
편집장 유승현   편집2팀장 정혜재

책임편집 정혜재
마케팅 김성현 한동우 구민지 이혜규
경영지원 김민화 오나리
본문디자인 푸른나무디자인

펴낸곳 매경출판㈜
등 록 2003년 4월 24일(No. 2-3759)
주 소 (04557) 서울시 중구 충무로 2 (필동1가) 매일경제 별관 2층 매경출판㈜
홈페이지 www.mkbook.co.kr
전 화 02)2000-2641(기획편집) 02)2000-2636(마케팅) 02)2000-2606(구입 문의)
팩 스 02)2000-2609 이메일 publish@mk.co.kr
인쇄·제본 ㈜ M-print 031)8071-0961
ISBN 979-11-6484-654-2 (03320)

성공 기회를 잡는 실전 투자 기법

2024
새로운
주식시장에
올라타라

매일경제TV · 김태윤 · 김용환 · 노광민 · 김영민 · 김준호 · 김동호 · 권시현 지음

매일경제신문사

투자 위기를 마주했을 때 현명하게 대처하는 법

주식 투자를 하게 되면 언제나 선택의 갈림길에 서게 된다. '이 종목을 지금 사는 게 좋을지', '이 종목은 언제 매도하는 게 좋을지', '이 종목은 또 언제까지 들고 가야 할지' 여러 의사결정에 따라 내 계좌 수익률의 향방이 정해지고, 좋은 결과를 내는 투자자가 있는 반면에 그렇지 못한 투자자도 존재한다.

투자가 필수인 세상이라고 말들은 하지만, 어떻게 투자하는 것이 올바른 투자인지 알려주는 곳은 많지 않으니 많은 개인 투자자들이 답답함을 호소한다.

그도 그럴 것이 2022년은 모두가 힘들었던 대세 하락장이었지만, 2023년은 내가 어떤 업종과 종목을 선택했는지에 따라 수익률의 크기 또한 천차만별이었던 한 해였다.

2차 전지와 AI, 로봇과 같은 신성장 섹터들이 주목받았고 엔비디아의 엄청난 퍼포먼스와 함께 반도체는 분위기 반전에 성공했다. 뿐만 아니라 엔터, 방산과 같이 향후 구조적 성장이 기대되는 업종도 주목을 받았다. 해당 섹터의 종목군을 매수하지 못한 투자자들은 '그때라도 살걸'이라고 탄식하는 날들이 많았을 것이다.

하지만 2023년에 뜨겁게 주목받은 업종들이 과거에는 성장을 하지 않다가 2023년부터 성장 가도를 달렸기 때문에 주가가 오른 것인가? 전혀 그렇지 않다. 해당 섹터들은 매년 꾸준히 성장을 하고 있었고 여러 경제 방송과 리서치 자료를 통해 합리적으로 추론해낼 수 있는 부분이었다. 하지만 '아는 것'과 '확신하는 것'은 온전히 다른 영역에 속한다.

내가 알고 있는 것을 확신을 가지고 투자하는 것은 상당히 어려운 일이라고 생각한다. 내가 생각하는 타이밍과 마켓 타이밍이 100% 일치하는 순간이 존재하지 않기 때문이다. 하지만 적어도 그 타이밍의 간극을 조금이라도 좁혀볼 수 있다면 성공 투자로 가는 길이 조금은 수월할 수 있을 것이다.

위기를 기회로 바꿀 순간들은 늘 존재해왔다. 하지만 막상 위기를 마주했을 때 현명하게 대처하기란 쉽지 않다. 그렇다면 현명한 투자자가 되기 위해서는 어떻게 해야 할까? 다양한 섹터를 보고, 공부를 하고, 객관적인 판단 그리고 그 근거를 명확하게 하기 위한 충분한 리서치가 필요하다고들 말한다. 하지만 대부분 개인 투자자가 투자에 온전히 시간을 쏟는 것은 거의 불가능에 가깝다.

이 책은 그런 분들에게 지름길이 되었으면 하는 마음으로 출발하게 되었다. 이 책에 참여한 매일경제 TV 〈생생한 주식쇼 생쇼〉 6인의 매니저들은 오랜 시간 시장과 호흡하며 나름대로 노하우를 쌓아온 시장 참여자들이다. 이 책을 통해 투자에 대한 절대적인 답을 내리기보다는 시장을 바라보는 뚜렷한 시각을 투자에 활용하기를 바라는 마음으로 각자의 인사이트를 아낌없이 공유했다.

2024년에도 많은 이벤트가 기다리고 있다. 그동안 시장의 발목을 붙잡았던 고금리 이슈도 마무리되어가고, 미국 대선에 따라 시장에 큰 변동성이 있을 것이다. 우리가 생각지도 못한 업종에서 2차 전지를 견줄 만큼의 어마어마한 대세 상승이 나올 수도 있다.

여전히 불확실성투성이인 현 상황에서 이 책이 2024년으로 가는 첫 발걸음에서 나침반이 되기를 바라며, 투자 의사결정에 혼란을 겪고 있는 사람들에게 많은 도움이 되었으면 좋겠다.

여러분에게 이 책이 성공 투자를 향해 달려가는 '작은 성공'의 발판이 되기를 바라며, 2024년에도 행복한 일들만 가득하기를 응원한다.

매일경제 TV 〈생생한 주식쇼 생쇼〉 제작진

권시현 PD, 박종범 작가

그리고 이지현 아나운서

Contents

PART 1

미국 경기 흐름과
우리나라 경제

김태윤

QR코드를 찍으시면 저자를 만나보실 수 있습니다.

2024년 미국 경기 둔화는
신흥 증시에 기회가 될 것이다

01

❙ 2023년 비우호적인
매크로 환경은 지속된다 ❙

2023년 글로벌 경제 흐름은 미국을 제외한다면 유럽·아시아 등 대부분 국가의 경제가 상당히 좋지 못했다. 특히 우크라이나—러시아 전쟁으로 곡물·천연가스 가격 급등으로 급상승하는 인플레이션을 잡기 위해 미국 연준은 강력한 통화 긴축 정책을 펼침으로써 10년물 국채금리가 16년 만에 최고치인 5%를 넘어서기도 했다.

2023년 내내 우리나라의 모든 개인 투자자는 'Bad news is

good news'라는 문장을 많이 접했을 것이다. 미국 연준은 물가를 잡기 위한 금리를 올리면서 원자재 등에 대한 수요를 감소시키는 것을 확인하고 싶어 했다.

하지만 미국 경기는 2023년 대부분 양호한 고용지표를 보이고 둔화하고는 있지만, 시장에서 원하는 속도로 물가가 잡히지는 않으면서 글로벌 증시는 전반적으로 추세 상승을 기대하기는 어려운 환경이 이어졌다.

미국의 3분기 GDP 성장률은 무려 4.9%가 나오면서 여전히 미국 경기가 좋다는 의견도 존재했지만 2023년 4분기 경제성장률에 대한 기대치는 2%대로 전망되고 있다. 실제로 S&P500 기업들의 4분기 실적 가이턴스에 대한 의견 등을 보면 상당수 업종에서 긍정적인 전망보다는 부정적인 전망 등이 많기도 하다.

실제로 많은 전문가는 2023년에 고금리가 지속되다 보니 2024년부터 미국 경기는 둔화 조짐을 보여줄 가능성이 크다고 보고 있다. 난 그렇게 생각한다. 시장에서 용인할 수 있는 수준에서의 미국 경기 침체 우려감은 미국 연준의 통화 정책에 대한 스탠스 변화를 가져올 것이다.

글을 쓰고 있는 현시점(11월 초·중순)에서 시장 참가자들은 미국 연준이 2024년 5월부터 금리 인하를 단행할 가능성이 크다고 보고 있다. 물론 15페이지의 수치는 매일 변할 수 있는 흐름이지만 이전부터 줄곧 6월 전후로 금리 인하 단행 시작을 보고 있기는 했다.

CME FEDWATCH TOOL - MEETING PROBABILITIES

MEETING DATE	350-375	375-400	400-425	425-450	450-475	475-500	500-525	525-550	550-575	575-600
2023-12-13			0.0%	0.0%	0.0%	0.0%	0.0%	95.2%	4.8%	0.0%
2024-01-31	0.0%	0.0%	0.0%	0.0%	0.0%	0.0%	0.0%	91.2%	8.6%	0.2%
2024-03-20	0.0%	0.0%	0.0%	0.0%	0.0%	0.0%	25.5%	68.1%	6.2%	0.1%
2024-05-01	0.0%	0.0%	0.0%	0.0%	0.0%	14.6%	49.8%	32.8%	2.8%	0.1%
2024-06-12	0.0%	0.0%	0.0%	0.0%	9.4%	37.4%	38.8%	13.4%	1.0%	0.0%
2024-07-31	0.0%	0.0%	0.0%	6.6%	29.1%	38.4%	20.9%	4.7%	0.3%	0.0%
2024-09-18	0.0%	0.0%	4.6%	22.3%	35.6%	26.2%	9.6%	1.6%	0.1%	0.0%
2024-11-07	0.0%	2.5%	14.3%	29.5%	30.5%	17.1%	5.2%	0.8%	0.0%	0.0%
2024-12-18	1.7%	10.2%	24.3%	30.1%	21.7%	9.3%	2.3%	0.3%	0.0%	0.0%

2023년 11월 초·중순 현재, 시카고상품거래소^{CME} 페드워치 Fed Watch에 반영 중인 5월 금리 인하 시점에 대한 근거는 시장이 2023년 4분기에서 2024년 1분기 미국의 급격한 경기 둔화를 확인한 이후에 5월부터 금리를 인하할 것으로 예상하고 있다고 볼 수 있다. 게다가 과거 금리 인상 사이클이 종료된 이후 평균 10개월 후에 첫 금리 인하를 단행했다. 2023년 7월에 마지막으로 미국 연준이 금리 인상을 했다고 가정 시 10개월 뒤를 계산해보면 5월이므로 과거의 평균적인 시점과도 일치한다.

제롬 파월$^{Jerome\ Powell}$ 의장은 여전히 "앞으로 발표되는 물가지표, 고용지표 등을 확인하면서 통화 정책 방향을 결정할 것이다"라고 반복되는 이야기를 계속해오고 있다.

그러므로 매월 고용지표(실업률, 시간당 임금상승률, 주간 신규 실업수당 청구 건수 등)와 물가지표(CPI, PCE 가격지수, 기대인플레이션) 수치를 발표할 때마다 시장은 민감하게 반응하고 있다. 우리가 언제부터 미국의 고용지표나 물가지표를 이렇게 매월 관심을 가졌었나 싶기도 하다.

┃ 금리 인하에 대한 기대감이 올라오는 2024년 상반기에 집중하자 ┃

2023년이 마무리되어가고 있는 지금, 시장의 분위기는 미국 연준의 금리 인상 기조가 종료된 것으로 판단하고 있다. 서두에도 언급했듯이 미국 경제는 고금리가 장기화되면서 2024년이 되면 주요 경제지표가 부진하게 나올 가능성이 크다.

긴축으로 인한 경기 활동 둔화가 포착되지 않는 이상은 미국 연준이 추가적인 금리 인상을 할 만한 명분을 찾기가 어려운 환경이 될 것이다. 또 고금리가 지속되면 부채 규모는 커지게 될 것이고, 펀더멘털이 약화된 경제 주체의 체력이 떨어지는 것은 불가피하다.

물론 물가 둔화와 관련해 여전히 불확실성이 있기는 하다. 러시아-우크라이나 전쟁, 이스라엘-하마스 전쟁 등 지정학적 이슈가 유가 상승 압력으로 작용한다면 물가 둔화의 속도가 느려질 수도 있으므로 이 부분은 수시로 체크해봐야 할 상황이다. 전쟁과 관련된 이슈는 예측하기보다 그때그때 상황에 맞게 대응할 수밖에 없기 때문이다.

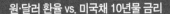

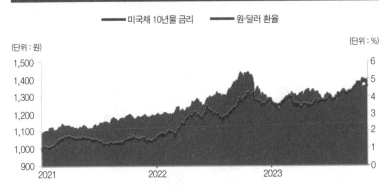

원·달러 환율 vs. 미국채 10년물 금리		

━━ 미국채 10년물 금리　　　━━ 원·달러 환율

(단위 : 원)　　　　　　　　　　　　　　　　　　　　(단위 : %)

출처 : 에프엔가이드, 유안타증권 리서치센터

| 미국의 경기 둔화 속도에
증시 방향성이 달렸다 |

2024년 우리나라를 포함한 신흥 증시의 방향성은 결국 미국 경제 둔화의 속도 여부에 달렸다고 본다. 미국 경기가 약한 경기 둔화를 보여준다면 금리 하향 안정화, 금리 인하 기대감으로 신흥 증시에 자금이 유입될 수 있다.

미국 국채금리의 추이와 원·달러 환율 흐름은 양의 상관관계가 있으므로 미국 국채금리의 하락은 원·달러 환율 하락을 동반할 것이다. 그렇게 되면 외국인 자금 유입을 기대해볼 수도 있다.

반면 미국 경기가 심각한 침체를 겪게 된다면 이 부분은 시장에

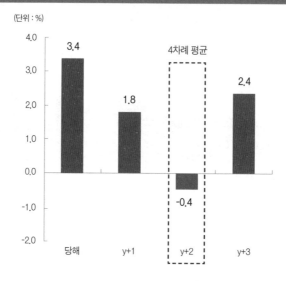

(단위 : %)

출처 : 블룸버그, 퀀티와이즈, IBK투자증권

서 경기 침체 우려감이라는 이유로 악재로 받아들일 여지도 있다. 그러므로 주식을 업으로 하는 내 입장에서 미국 경기의 둔화 속도 가 천천히 진행되기를 기대해본다.

금리 인하 이야기가 서서히 부각될 수 있는 상반기가 하반기보다 는 오히려 더 투자하기 좋지 않을까 생각한다. 일반적으로 기준금 리의 인상을 종료한 2년 후 경기 침체에 돌입하는 패턴이 있으므로 경기 침체 우려감이 부각될 수 있는 하반기보다는 금리 인하 기대 감을 선반영할 수 있는 상반기가 조금 더 투자하기 좋은 환경이지 않을까 싶다.

2024년은 업종별 실적 차별화가 예상되는데, 유망 업종으로는 반도체와 구리 관련 주를 관심 있게 지켜보면 좋을 것 같다. 2023년에는 자동차·기계·운송 등 오랫동안 양호했던 업황, 실적 증가 탄력이 상대적으로 반도체 같은 업황 턴어라운드가 예상되는 업종보다는 약할 것으로 보고 있다.

이외에도 네옴시티, 우크라이나 재건, 중국 경기 부양책 관련 이슈가 부각될 수 있는 건설·기계 섹터, 2024년 4월 총선을 앞두고 있으므로 당연히 정치 테마 관련 주 등도 트레이딩 관점으로는 계속 주목해야 한다고 본다. 이 책에서는 반도체와 구리를 중점적으로 다루고자 한다.

반도체 산업의 성장이 없으면 어차피 우리나라 경제는 어렵다

| 2023년 4분기 드디어 나타난 반도체 바닥 시그널 |

2023년 우리나라의 수출지표는 부진했다. 10월에야 수출이 13개월 만에 증가세로 전환했는데 그중 반도체 수출의 감소 폭이 큰 역할을 했다.

2023년 10월 우리나라 무역지표를 발표한 이후 반도체 업황 사이클이 회복 단계 국면에 진입했다는 신호로 받아들이는 투자자들이 많이 증가했다.

전년 동월 대비 3.1% 감소하면서 여전히 마이너스 증감률을 기록했으나 2022년 8월 이후로 가장 낮은 수준의 감소 폭을 기록하면서 시장에서는 이제는 정말로 반도체 업황이 돌고 있구나 하고 생각하는 사람들이 늘었다.

국내 증시의 상승에 투자하는 투자자라면 결국 반도체 종목에 투자를 꼭 해야 한다고 본다. 2차 전지 산업이 과거보다 크게 성장하면서 우리나라 주요 수출 산업으로 부각되기도 했으나 반도체 업황이 좋지 않았을 때 국내 수출지표를 보면 확실히 좋지 못하다.

2024년 매크로 환경이 우호적으로 변하면서 주식에 투자해야 하는 시기라면 당연히 업황 회복뿐 아니라 여전히 성장 초기 국면에

출처 : 블룸버그, 상상인증권 리서치센터

있는 고대역폭메모리^{HBM}, 더블데이트레이트^{DDR5} 반도체 기업에 대한 투자는 꼭 고려해야 하지 않을까 싶다.

반도체 수출지표가 부진함에도 2023년 상반기 일부 반도체 종목들은 AI 시장의 급성장으로 인한 GPU 수요가 증가했다. 그 안에 들어가는 HBM 시장의 성장에 관한 기대감으로 적지 않은 상승 흐름을 보여주었다.

하지만 대략 2023년 8월 이후로 관련 주들의 주가는 쉬어가는 흐름을 보여주었다. 이는 반도체 업황의 턴어라운드 시기가 3분기에서 4분기로 지연됐던 이유와 미국 국채금리의 상승 지속 등에 하방 압력을 받아왔기 때문이다. 그러다가 4분기 들어서 미국 국채금리의 하락과 함께 다시 반도체 종목들이 서서히 상승할 채비를 갖추

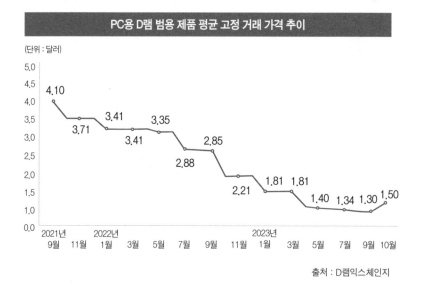

출처 : D램익스체인지

고 있는 상황이다.

실제로 2023년 10월 D램과 낸드 플래시^{Nand Flash} 가격이 약 27개월 만에 동반 반등을 했다는 소식이 전해지면서 반도체 관련 주에 관한 관심이 더욱더 높아지기도 했다. D램과 낸드 플래시 가격의 상승을 어찌 보면 반도체 기업에 투자하는 투자자들이 가장 기다렸던 뉴스가 아닐까 싶다.

∣ AI 시장 폭발적 성장의 진짜 수혜주는 반도체 ∣

반도체 산업이 한 단계 더 성장하려면 기술 변화에 따른 신규 수요 창출이 필수적이다. 과거 사례를 보면, 2002년 PC 보급, 2008년 스마트폰 대중화, 2014년 4G 교체, 2016년 클라우드 증설, 2020년 디지털 전환을 예를 들 수 있다.

2023년을 기점으로 AI 시장에 대한 기업들의 관심과 투자가 활발히 진행되거나 앞으로 진행될 전망이다. 이는 AI 시장의 폭발적인 성장에 따른 신규 수요 창출 효과를 기대해볼 수 있는 부분이다. 하지만 과거 신규 수요에 따른 상승 사이클 진입이 나올 당시에도 기존 수요(PC와 스마트폰 등)의 반등 역시 중요했다. 이는 이번에도 당연히 기존 수요 회복이 반도체 상승 사이클 진입의 필요조건이기도 하다.

(07=100)

- MSCI IT/HW
- 필라델피아 반도체 지수

4G 인프라 보급 스마트폰 교체 수요

중국 설비투자 서버 증설

디지털 전환

G2 무역 분쟁

러시아-우크라이나 전쟁

글로벌 금융 위기

중국 경기 후퇴

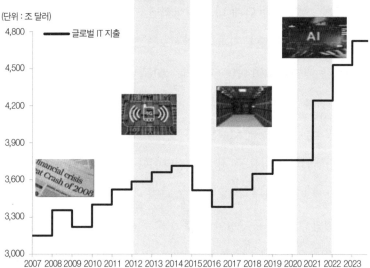

(단위 : 조 달러)

- 글로벌 IT 지출

AI

출처 : 블룸버그, 가트너, 신한투자증권

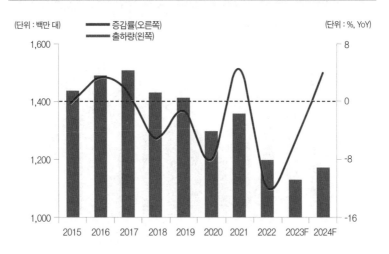

글로벌 스마트폰 출하량 추이와 전망

(단위 : 백만 대)　　증감률(오른쪽)　　　　　　　　　　　(단위 : %, YoY)
　　　　　　　　　　 출하량(왼쪽)

출처 : SA, 신한투자증권

신규 수요와 기존 수요로 구분해서 이야기를 해보겠다. 먼저 기존 수요 측면에서 살펴보자.

PC 시장은 2024년 큰 폭의 성장은 어려울지라도 일각에서는 4~5% 정도 상승을 전망하고 있다. 주요 상승 요인으로는 AI 컴퓨터/서비스 출시에 따른 수요 자극, 윈도우 10 서비스 종료, B2B 시장 회복에 대한 기대감이다.

그동안 미국 연준의 긴축 정책으로 고금리 환경이 지속되다 보니 기업들의 투자가 보수적이었으나 2024년 매크로 환경 개선 등에 따른 B2B 시장 회복도 기대해볼 수 있지 않을까 싶다. 스마트폰의 전망은 그래도 2023년보다는 나아질 것이라는 전망이 우세하다.

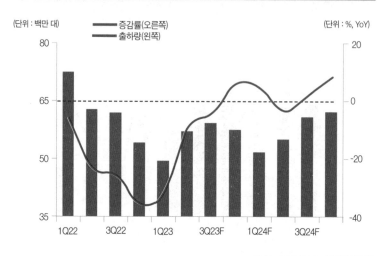

글로벌 PC 출하량 추이와 전망

(단위 : 백만 대)

■ 증감률(오른쪽)
■ 출하량(왼쪽)

(단위 : %, YoY)

출처 : 트렌드포스, 신한투자증권

2024년 상반기에 낮은 기저 효과로 인한 무난한 성장세를 나타낼
것으로 점쳐지는 분위기다.

　빅테크 기업들의 최우선 투자 순위는 AI다. 엔비디아의 GPU처럼
핵심 기술을 갖춘 기업들이 가장 먼저 상승하게 된다. 그다음 서플
라이 체인이 낙수 효과를 받으면서 실적 개선이 되는 순서로 이어지
는 경우가 많다.

　국내 HBM 관련 주들도 지금 당장 실적으로 찍히기보다는 미래
에 대한 성장 기대감으로 이미 주가 상승이 진행된 부분도 있다. 그
러나 2024년 이후로 하나둘 실적이 찍히면서 밸류에이션에 대한 부
담감은 점차 해소될 가능성이 크다고 본다.

| HBM / DDR5면
충분하다 |

AI 시장의 성장과 함께 HBM 관련 주에 관한 관심은 지속될 수밖에 없다. 실제로 HBM 시장을 선도하고 있는 SK하이닉스는 2023년 3분기 실적을 발표한 이후 컨퍼런스 콜에서 현시점 기준으로 AI 서버 시장 붐에 힘입어 HBM 캐파^{CAPA}가 모두 주문 완료(솔드 아웃)됐다고 밝히기도 했다.

난 SK하이닉스를 대형주 중에서는 톱 픽으로 뽑고자 한다. 삼성 전자도 좋다고는 보지만 반도체 사업만을 영위하는 SK하이닉스가 반도체 상승 사이클에서 조금 더 기대수익이 높다고 본다.

2024년 프리미엄 제품 확대로 인한 D램 부문은 경쟁사들 대비 조기 흑자 달성이 전망된다. HBM 부문의 매출 비중이 2023년에는 전체 매출의 10% 초반에서 2024년에는 10% 후반 수준까지 성장할 것으로 전망되면서 HBM 시장 내에서의 주도권을 이어갈 가능성은 여전히 크다.

HBM 대장주를 이야기할 때 빠지지 않는 종목이 있다. 바로 한미 반도체다. 한미반도체는 글로벌 수준의 핸들러 기술을 바탕으로 국내 대표 반도체 후공정 장비 기업으로 성장하고 있다. 국내에서는 유일하게 HBM 제작에 사용하는 매스 리플로우^{Mass Reflow}용 TSV/TC 본더와 비전도성 접착 필름^{NCF}용 TSV/TC 본더 장비 라인업을 보유하고 있어서 HBM 투자가 확대되는 흐름 속에서 지속적인 관심을 받을 것으로 보인다.

2023년 SK하이닉스향 1,000억 원 규모의 공급 계약 건은 2024년 매출로 인식되기에 올해 실적 성장성에 대해서는 작년 대비 큰 폭의 성장세를 기록할 가능성이 크다. 물론 일각에서는 고평가 논란이 있고 글로벌 경쟁 기업 중 하나인 BESI보다 여전히 주가수익비율^{PER}이 높다는 우려감도 있기는 하다.

과거 사례를 보면 항상 주도는 고평가 논란이 지속되면서 상승을 보여준 경우가 많다고 생각한다. 우리가 반도체 투자를 해야 한다면 대장주 역할을 하는 SK하이닉스에 관심을 가지는 것은 당연하다고 본다.

SK하이닉스는 HBM 캐파 확보를 위해서 '실리콘 관통 전극^{TSV}' 투자를 최우선으로 고려할 계획이라고 밝히기도 했으므로 TSV 관련 주 등에 관심을 가지는 것도 좋다고 본다.

TSV 공정 중 접속형 구멍^{Via hole}을 뚫는 과정과 관련 있는 클리닝 장비(분진 세정) 기업인 제우스 등도 관심을 가져볼 만하다.

이외에도 리플로우 장비 관련 주인 피에스케이홀딩스(031980), 에스티아이(039440), 프로텍(053610), 레이저쎌(412350) 등도 지켜볼 필요가 있다.

검사 장비로는 인텍플러스나 오로스테크놀로지가 관련 주로 부각받을 수 있다. 인텍플러스(064290)는 반도체 외관, 범프 검사 장비 기업인데, HBM은 여러 개의 칩을 적층하다 보니 1개 칩만 불량이 발생해도 적층한 모든 칩을 버려야 하므로 적층하기 전에 불량을 걸러내는 것이 중요하다. 바로 이 역할을 인텍플러스 장비가 하고 있다고 보면 된다.

오로스테크놀로지(322310)는 전 공정에서 노광 공정 이후 적층한 각 레이어가 얼마나 수직으로 균일하게 정렬해 있는지를 확인하는 패키지 오버레이 계측 장비를 공급하고 있다. 해당 장비는 TSV 공정에서도 활용되고 있다. HBM 제작 시 TSV로 구멍을 뚫고 그 공간을 마이크로 범프로 연결하는데 하부 패턴과 범프 패턴의 오버레이(정렬)와 크기를 측정하는 역할을 한다.

또 오로스테크놀로지는 HBM 휨 현상Warpage 검사 장비까지도 진입하고 있다. 반도체 WLPWafer Level Package 공정의 몰딩 과정에서 소재별 열 수축 차이로 뒤틀리는 휨 현상이 발생하는데 이 장비로 휨 현상을 측정할 수 있다.

휨 현상이 발생히면 범프가 닿지 않거나 눌어붙을 수 있어 반도체 수율이 낮아지는 문제점이 발생하므로 이 설비에 대한 수요도 증가하고 있다.

이외에도 2023년 신규 상장주 중 하나인 아이엠티(451220)는 HBM, 극자외선EUV 관련 주로 부각받을 수 있다. 아이엠티의 장비 중 CO_2 클리닝 장비는 HBM 공정에서 웨이퍼 적층 전 오염 물질을 CO_2로 제거하는 장비다. 이 장비는 자동차 범퍼 세정 공정에도 적

분류	기업 이름	수혜 내용
전공정	램리서치(미국)	TSV 공정 내에 사용하는 실리콘 식각 장비 독점
	HPSP	수소 어닐링 장비 DRAM 도입 확대에 따른 수혜 예상
	이오테크닉스, 디아이티	수율 개선을 위한 레이저 어닐링 장비 수혜 예상
후공정	BESI(네덜란드) ASMPT(중국)	TC 본딩 장비 납품
	Disco(일본)	그라인더^{Grinder}, 디싱^{Dicing} 장비 납품
	헬러(미국) Sikama(미국)	리플로우 장비 납품
	한미반도체	SK하이닉스향 TC 본딩 장비 납품
	에스티아이	SK하이닉스향 리플로우 장비 납품
	피에스케이홀딩스	리플로우 장비 납품, 디스컴 장비 납품
소재	레조낙(일본)	삼성전자향 NCF 필름 납품
	나믹스(일본)	SK하이닉스 MUF 소재 납품
OSAT	하나마이크론 SFA반도체	HBM 설비투자 집중으로 인한 기존 메모리 제품 외주 물량 증가

출처 : 이베스트투자증권 리서치센터

용할 수 있는데 2024년부터는 고객사의 미국 공장에도 추가 적용하면서 매출에 기여할 가능성이 크다.

2024년 영업이익이 흑자 전환이 기대되는 종목이므로 실적 턴어라운드 기대감과 전방 산업 성장성으로 시장에서 부각받을 가능성이 크다고 본다.

그 밖에도 워낙 반도체 기업들이 국내에 많으므로 이 정도 선에서만 관심을 가져도 충분하지 않을까 싶다.

| DDR5 침투율,
본격적인 증가를 전망 |

실제로 DDR5의 본격적인 세대교체는 2024년부터 본격적으로 이뤄질 것으로 전망한다. 2023년 20% 정도의 침투율에서 2024년 40% 중반까지 침투율이 증가할 것으로 예상하는 상황이므로 DDR5 관련 주도 지켜볼 만하다고 생각한다.

DDR5 관련 주 중에는 아비코전자(036010)를 관심 있게 보면 좋을 듯하다. DDR5와 관련해 아비코전자의 가장 큰 투자 키워드는 DDR5용 '메탈 파워 인덕터'다.

아비코전자는 DDR5용 메탈 파워 인덕터 공급을 2023년 4분기부터 시작할 것으로 보인다. 모듈당 판가와 수익성은 DDR4 대비 압도적으로 높을 것으로 전망되는데, 초기 대량 생산은 수율을 최적화하는 데 시간이 필요하므로 본격적인 이익 기여는 2024년 1분기부터 시작될 것으로 예상한다.

주요 투자 포인트는 다음과 같다. 첫째, DDR5 전환 시 판가가 높은 메탈 파워 인덕터를 신규로 탑재하게 되며 모듈당 ASP는 5배 이상 증가하는 것으로 기대한다. 둘째, DDR4 전환율을 50% 달성했던 2016년에 마진율이 가장 높았는데 이번 DDR5 침투율 증가에 따른 아비코전자의 가파른 실적 성장을 기대하고 있다.

삼성전자와 SK하이닉스 같은 메모리 업체 등이 HBM 캐파를 확장하는 데 집중하는 사이 DDR4, DDR5 같은 OSAT(패키징 외주 기업) 물량이 크게 증가할 수 있다. 그래서 OSAT 중 외형 성장을 공격적으로 진행 중인 하나마이크론(067310)도 관심을 가져볼 만하다.

실제로 삼성전자는 SK하이닉스가 주도하고 있는 HBM 시장을 공략하기 위해 물량 공세를 펼칠 예정이다. 2024년 HBM 공급 물량을 업계 최고 수준인 전년 대비 2.5배 확대할 예정이며 실제로 주요 고객사들과 공급 협의도 완료했다고 발표하기도 했다. 이외 OSAT로는 SFA반도체(036540)가 있다.

2024년 반도체에 투자한다면 HBM, DDR5 관련 수혜주에 집중해보자. 반도체 종목의 상승 순서는 HBM → DDR5 → 전통적인 전공정 관련 주 순으로 움직일 가능성이 크다고 본다.

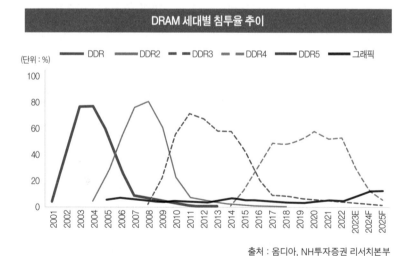

DRAM 세대별 침투율 추이

(단위 : %)　　DDR　　DDR2　　DDR3　　DDR4　　DDR5　　그래픽

출처 : 옴디아, NH투자증권 리서치본부

어게인 2023,
리튬 위에 구리

난 2023년에도 〈생생한 주식쇼 생쇼〉 전문가가 집필한 《2023 주식 변곡점의 기회를 잡아라》의 집필에 참여했다.

유망 테마·업종에서 구리 관련 주를 톱 2 업종 중 하나로 선정했었는데 2023년 상반기에 구리 관련 주 가운데 하나인 이구산업은 2023년 연초 대비 150%에 가까운 상승세를 보여주기도 했다.

실제로 2023년 상반기 매일경제TV 〈생생한 주식쇼 생쇼〉 방송에서 난 이구산업을 꽤 어필하기도 했다.

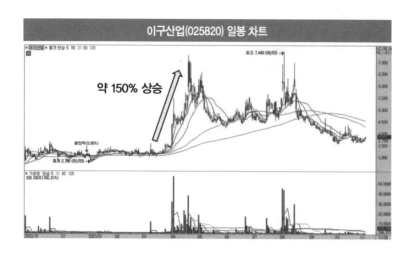

이구산업(025820) 일봉 차트

약 150% 상승

하반기 이구산업과 대창의 주가가 급등했던 이유는 초전도체 테마로도 부각받으면서 급등을 하기도 했지만, 이제부터는 다시 구리 가격 상승이라는 투자 포인트를 근거로 2024년에 한 번 더 주목해보면 좋지 않을까 싶다.

구리는 기존 굴뚝 산업은 물론 전기차·태양광·풍력 등 신재생 에너지 분야에서도 새로운 신규 수요가 창출되면서 공급 부족 상황이 지속될 것으로 전망되고 있다.

항상 가격은 수요와 공급에 따라 결정된다. 이제부터는 구리에 대한 수요와 공급 측면에서 이야기해보고자 한다.

| 13년간 감소하고 있는
동(구리) 재고 |

동(구리) 씨가 마르고 있다는 말이 나오고 있다. 해가 지나면 지날수록 런던비철금속거래소^{LME}의 동 재고량 최대치/최저치가 꾸준히 감소하고 있다. 동 재고의 감소가 공급 감소가 아닌 수요 증가가 원인이라는 의견이 존재한다. 동 재고 감소가 생산량이 줄어든 탓으로 보는 시각이 있을 수는 있으나 실제로 2023년 동 생산량은 2,564.4만 톤으로 전년 대비 2.8% 늘었다고 한다. 경제 충격이 있었던 2008년과 2020년에도 오히려 생산량이 증가했다고 한다.

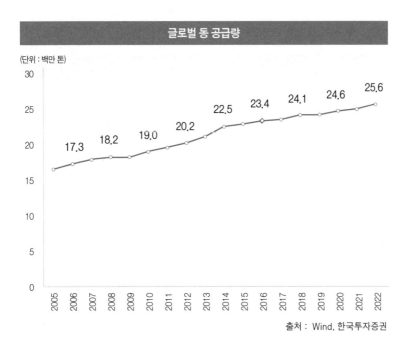

글로벌 동 공급량

(단위 : 백만 톤)

출처 : Wind, 한국투자증권

결국 재고의 감소는 생산량 감소가 아닌 수요가 증가하고 있다고 판단할 수 있다. 실제로 2010년부터 2022년까지 13년 동안 동 수요가 공급을 초과하면서 재고량이 감소됐다.

┃ 부진한 경기에도
구리 가격은 상승 ┃

기초 금속은 보통 글로벌 경기가 좋을 때 가격이 같이 올라가는 경우가 있다. 다음의 그래프를 보면 글로벌 경기 흐름을 예측할 수 있는 글로벌 구매관리자지수PMI의 흐름과 아연·알루미늄의 가격 추

출처 : ICON, CEIC, 블룸버그, 한국투자증권

글로벌 PMI와 알루미늄 가격

알루미늄(오른쪽)
가중 글로벌 PMI(왼쪽)

(2005-01=100)

(단위: USD/톤)

출처 : ICON, CEIC, 블룸버그, 한국투자증권

글로벌 PMI와 동 가격

동(오른쪽)
가중 글로벌 PMI(왼쪽)

(2005-01=100)

(단위: USD/톤)

출처 : ICON, CEIC, 블룸버그, 한국투자증권

이가 비슷한 움직임을 나타내고 있음을 확인할 수 있다. 그런데 동 가격은 다른 기초 금속들과는 다르게 경기의 흐름과는 무관한 움직임을 실제로 보여주고 있다.

결국에 지금 동 가격의 추이는 무언가 다른 수요 측면에서의 이유가 있다고 볼 수 있다. 앞으로 동(구리)에 대한 수요 증가 요인으로는 다음과 같이 크게 구분할 수 있다.

첫째, 구리 상승 요인으로 전기차 시장의 성장을 꼽을 수 있다. 전기차 시장의 성장성은 누구나 인정하고 아는 사실이다. 보통 내연기관 자동차에는 1대당 20킬로그램 정도의 동을 사용하지만, 순수 전기차[BEV]에는 그보다 훨씬 많은 83킬로그램에 가까운 동을 사용한다고 한다.

그동안 2차 전지·전기차 시장이 급성장하면서 리튬·니켈·코발트 등의 핵심 광물이 먼저 주목을 받았지만 실제로 앞으로 수요가 급증할 광물로는 구리가 주목받고 있다. 리튬이나 니켈 가격에 대한 전망은 저조할 것으로 보는데 이유는 수요도 늘겠지만, 공급이 더 많아질 것으로 전망되어서 그렇다.

리튬 가격은 실제로 가격이 하락하고 있는데 이는 리튬이 다른 광종 대비 개발이 빠르고 쉽다고 한다. 코발트도 앞으로 새로운 배터리 형태 즉, 코발트가 들어가지 않는 배터리 상용화 등으로 인해서 지속적인 가격 상승이 어려울 것으로 보고 있다.

둘째, 중국과 인도 중심의 전력망 대거 구축으로 인한 수요 증가다. 국내 원자재 시장 조사 기관인 코리아PDS의 김건 책임연구원은 최근 원자재 시장 전망 세미나에서 "탈탄소 시장에서 전기동만큼 중요한 것은 없다"며 "5년 내 전기동 가격의 스파이크가 발생할 것으로 예상한다"고 말하기도 했다.

2023년 인도의 구리 수입량은 전년 대비 3배 증가할 것으로 보이고, 중국 또한 신재생 에너지 발전량이 급증하면서 구리에 대한 수요가 동반 급증할 것으로 전망되고 있다. 게다가 미국의 노후화된 전력망 교체도 구리 수요가 증가하는 요인 가운데 하나가 될 수 있다고 본다.

셋째, 구리 광산에 관한 개발 투자액 감소다. 일반적으로 구리는 광산 개발부터 생산까지 10년 정도 걸린다. 지금 당장 생산량을 늘려도 그 효과가 10년 뒤에 나타난다는 의미다.

언급했듯이 전기차와 신재생 에너지 시장의 성장으로 인한 수요가 앞으로 급증할 것으로 전망되는 상황에서도 구리 광산에 대한 투자는 점차 줄어들고 있다. 실제로 2012년 140억 달러에서 2020년에는 40억 달러를 약간 상회한 수준에 머물렀다고 한다.

이 같은 이유 때문인지 글로벌 자원 전문지인 마이닝닷컴Mining.com에 따르면, LME 세미나에서 2024년 가격 상승이 가장 기대되는 광종 투표 중 1위를 구리(53% 득표율)가 차지했다고 한다. 주석(23%)이 그 뒤를 이었다.

인도 상반기 구리 수입량

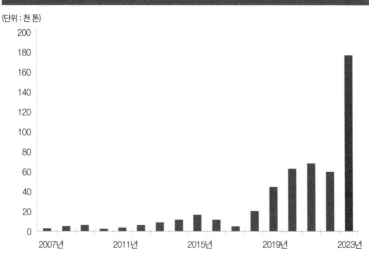

(단위 : 천 톤)

출처 : 코리아PDS, 〈전기신문〉

중국과 인도 연간 신재생 에너지 발전량

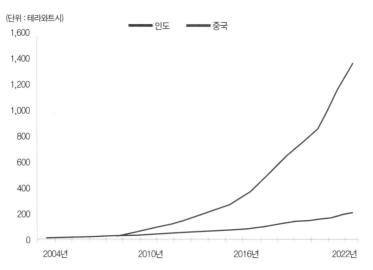

(단위 : 테라와트시)

━━ 인도 ━━ 중국

출처 : 코리아PDS, 〈전기신문〉

❙ 대표적인 구리 관련 주
풍산, 이구산업, 대창 ❙

구리 관련 주 하면 그렇게 많은 종목이 있는 것은 아니다. 대표적으로 풍산(103140), 이구산업(025820), 대창(012800)을 꼽는다.

구리 관련 주 중에서는 풍산을 한번 유심히 지켜보는 것도 괜찮다고 생각한다. 단기·스윙 트레이딩을 하기에는 이구산업이나 대창이 좋다. 간혹 초전도체 테마로 부각받을 가능성도 있는 종목들이다.

하지만 어느 정도 끌고 갈 생각이라면 풍산은 상대적으로 안정적인 매매를 선호하는 투자자들에게는 적합하다고 본다. 풍산은 구리 관련 주이면서도 방산주로도 분류되는 종목이다.

풍산의 주요 투자 포인트로는 구리 가격 상승 수혜 기대감, 2023년 초 현대로템과 한화에어로스페이스향 대구경 탄약 중장기 공급 계약을 체결하기도 했다.

폴란드는 늘어나는 포탄 수요를 위해서 풍산과 현지 공장 설립을 논의하고 있는데, 풍산의 외형 성장 가능성이 주목받을 수 있지 않을까 싶다. 폴란드 외에 루마니아와 불가리아 등도 우리나라 기업의 무기에 관심을 보이고 있으므로 풍산 또한 반사이익을 얻을 수 있지 않을까 기대해본다.

아이패드 OLED 탑재는
국내 디스플레이 산업에 큰 기회다

2024년은 애플의 아이패드에 유기발광다이오드^{OLED}가 탑재되는 원년이다. 그리고 모니터, 노트북, 태블릿 등 OLED를 탑재하는 부문이 빠르게 증가할 것으로 전망된다. 2024년 OLED 출하 성장률은 약 40% 이상 성장이 전망된다. 특히 애플의 아이패드 프로 시리즈 2종(11인치와 12.9인치)에 OLED를 탑재하면서 태블릿 OLED 출하량은 전년 대비 150% 이상의 고성장이 예상된다.

이외에도 모니터, TV, 노트북향 순으로 출하량 증가가 예상된다. 모니터는 게이밍용 중심의 빠른 성장이 예상되기도 한다.

| 아이패드의 OLED 채택은
국내 디스플레이 산업의 전환점 |

삼성디스플레이와 LG디스플레이가 아이패드 프로 2종에 OLED 패널 전량을 공급한다. LG디스플레이가 약 60% 점유율(공급량 약 600만 대), 삼성디스플레이가 점유율 40%(공급량 약 400만 대)로 11인치 OLED 패널만 공급할 것으로 예상하고 있다.

2024년 태블릿 시장 내 OLED 침투율은 5% 수준에 불과하므로 향후 OLED의 보급이 확대되면서 높은 성장성을 보여줄 가능성이 크다. 게다가 아이패드 OLED 패널 판가가 아이폰 OLED보다 3배 정도 높아서 수익성 개선도 기대해볼 수 있다.

디스플레이 관련 주들은 그동안 시장에서 반도체·2차 전지·로봇 등에 밀려 시장에서 크게 주목받지 못했던 것은 사실이다. XR 관련 주 등이 잠시 부각받으면서 디스플레이 관련 주도 부각받기도 했으나 출시된 XR 제품들의 완성도 부족과 높은 가격으로 인해 큰 흥행으로 이어지지는 못했다.

하지만 2024년부터 XR 기기에 대한 성장성 기대감으로 2023년과는 다른 실제로 숫자가 찍혀줄 수 있는 한 해가 될 가능성이 크다고 볼 수 있다.

삼성디스플레이와 LG디스플레이는 당초 전망보다 3개월 앞당겨진 2024년 2월부터 아이패드 OLED 패널 생산을 시작할 전망이다.

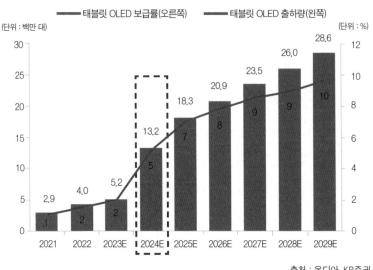

출처 : 옴디아, KB증권

OLED 관련 대형주 중에서는 LG디스플레이가 당연히 관심을 가장 많이 받게 될 것이다.

LG디스플레이는 2023년 11월부터 2024년 6월까지 공매도가 금지됐다. LG디스플레이는 공매도 비중 상위 기업에 속하므로 3년 만에 수익성이 개선되는 상황에서 공매도 금지 조치는 주가에 긍정적 영향을 줄 가능성이 크다.

이외에도 소재 기업들 또한 관심을 받을 가능성이 큰데 덕산네오룩스, 피앤에이치테크, LX세미콘을 관심주로 뽑고 싶다. 세 기업의 주요 투자 포인트는 다음과 같다.

(1) **피앤에이치테크(239890)** ː 2024년 1분기부터 아이패드향 신규 매출이 발생할 것으로 예상한다. 전장용 OLED 출하량 증가로 인해 전장 매출 비중이 증가할 것으로 전망한다. TV향 소재 재진입 가능성도 있다.

(2) **덕산네오룩스(034220)** ː IT용 OLED 소재는 재료 수명이 중요하다 보니 투 스택 탠덤Two stack tandem 구조와 같이 단위 면적당 소재 사용량이 많아질 수밖에 없다. 2024년은 IT OLED 시장 확대 원년으로 주력 OLED 공급업체로서 성장 모멘텀이 부각되는 2024년이 될 것으로 전망한다.

(3) **LX세미콘(108320)** ː 2024년 IT OLED 확대에 따른 DDI 수혜를 전망한다. 2024년 예상 실적 기준 약 7~8배 수준의 PER은 벨류에이션 저평가 매력도 존재하고 있다.

전반적으로 OLED 관련 주의 경우 차트상 그렇게 높은 위치에 있는 종목들은 다른 성장 섹터에 대비해서 덜하다. 이 뜻은 업황 턴어라운드가 기대되는 상황에서 오히려 감내해야 하는 리스크(=변동성) 대비 기대 수익이 높다는 것을 생각해볼 수 있다.

난 투자 성향상 업황 턴어라운드될 것으로 보이는 종목이나 업종을 선호한다.

만약 본인이 너무 빠른 매매를 대응하기 어렵거나 직장을 다니면서 투자 관점에서 저평가된 업종을 찾는다면 OLED 관련 주가 적합하지 않을까 생각한다.

PART 2

2024년 주목해야 할
유망 업종과 차트의 기술

김용환

QR코드를 찍으시면 저자를 만나보실 수 있습니다.

2024년 증시,
어두운 터널 끝에 빛이 보인다

01

| 2024년 대세 상승장을 기대하는 근거
① 금리 |

FED의 금리 인상이 마무리됐다. 그렇다면 2024년 금리 인하를 대비해보자.

그동안 코로나19로 원자재 가격이 급등하고, 다양한 공급망 교란과 함께 고물가로 이어지면서 높아진 물가를 잡기 위해 미국을 필두로 세계 각국이 급격하게 통화를 긴축했다. 즉, 금리 인상이 진행됐다. 높아지는 금리에 위험 자산 선호가 줄어들고, 안전 자산으로의 자금들이 회귀하면서 주식 시장의 자금 경색이 지속됐다.

그에 따라 외국인의 수급에 민감한 국내 증시 또한 답답한 박스권 흐름이 2023년까지 이어졌고, 외국인의 셀 코리아는 더욱 심화됐다. 하지만 2024년부터는 인플레이션 압력이 축소되고 글로벌 통화 긴축이 종료되면서 금융 여건이 완화될 전망이다.

금리의 피크아웃으로 인해 그동안의 고금리 부담이 완화되면서 가계 소비가 늘고 그에 따른 기업의 생산이 늘어나면서 고용 여건도 회복될 것이다. 따라서 2024년은 금리 인상에 따른 자금 경색에 대한 어둡고 긴 터널의 끝이 보이는 시기다.

미국 중앙은행이 6월 FOMC에서 제시한 GDP 전망과 점도표를 보더라도 2024년부터는 미국 연준이 경기 회복과 함께 금리 인하를 시사하고 있는 점도 긍정적이다. 여기서 중요 포인트는 미국 경기와는 상관없이 2024년 1분기부터 금리 인하 사이클 진입을 전망하는 것이다. 미국 경기 침체와 경착륙에 대한 우려도 있지만, 현재 미국의 소비 지출과 고용 흐름을 본다면 우려감보다는 경기 회복에 대한 기대감이 더 크다고 볼 수 있다.

실질적으로 최근 뱅크오브아메리카의 이코노미스트들이 2024년 미국 경기 침체가 시작될 것이라는 전망을 폐기하고 경기 침체는 오지 않을 수도 있다는 의견을 내놓기도 했다. 바클레이즈^{Barclays}와 시티그룹은 경기 침체가 오더라도 완만한 경기 침체 즉, 연착륙 가능성을 예상했다.

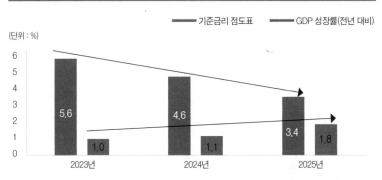

미국 중앙은행이 2023년 6월 FOMC에서 제시한 GDP 전망과 점도표, 2024년부터 경기 회복+금리 인하 시사

━━ 기준금리 점도표　　━━ GDP 성장률(전년 대비)

(단위 : %)

출처 : FRB, 대신증권 리서치센터

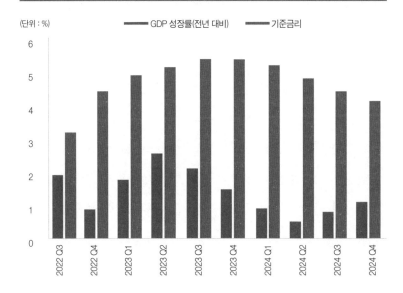

미국 경기와 상관없이 2024년 1분기부터 금리 인하 사이클 진입 전망

━━ GDP 성장률(전년 대비)　　━━ 기준금리

(단위 : %)

출처 : 블룸버그, 대신증권 리서치센터

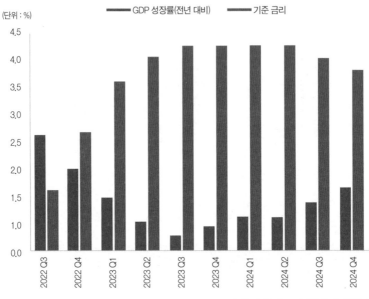

유로존, 2023년 4분기 이후 경기 회복 국면에서
2024년 하반기 금리 인하 사이클 진입 예상

(단위 : %)

━━ GDP 성장률(전년 대비) ━━ 기준 금리

출처 : 블룸버그, 대신증권 리서치센터

Fed의 물가를 잡기 위한 지속적인 금리 인상이 진행된다면 경기 침체가 빠른 속도로 다가올 가능성이 있다. 또 외환 시장의 악화로 중소 은행들의 파산 등 부작용들도 나타나고 있어서 더 이상의 금리 인상보다는 완만한 금리 인하를 기대할 수 있다. 점도표상 1회 추가 금리 인상 여지는 존재하나, 최근 근원 소비자물가지수의 둔화세를 감안하면 추가 인상 필요성은 낮아지는 상황이다.

향후 미국 실질 기준금리 '상승, 수정된 테일러 준칙'을 통해 추정한 연준 정책 금리를 고려했을 때 2024년 중 2~3회 정도 금리 인하 경로를 예상할 수 있다.

조금 더 자세하게 예측해본다면 연준은 2%대 물가를 한두 차례 더 확인하고 금리 인하를 진행할 것이며, 그 시점은 2024년 2분기 정도가 될 것으로 예상한다.

과거 미국 금리 인상 사이클이 종료된 후 첫 금리 인하 시점에 대한 평균 시차도 10개월 정도 걸린 것을 본다면 약 2024년 7월 FOMC에서 첫 금리 인하를 단행할 가능성이 크다.

그렇다면 2024년 1분기부터는 이러한 기대감을 반영해 미국과 국내 증시는 우상향할 가능성이 크며, 더는 금리 인상이라는 키워드로 시장의 큰 충격을 주는 일은 없을 것이다.

경기 침체가 실질적으로 빠르게 도래하지 않으면서 금리 인하 기대가 형성되는 것이다. 이것이 2024년 금리와 연관되는 최상의 증시 상승 시나리오가 될 것이다.

| 2024년 대세 상승장을 기대하는 근거 ② 환율 |

달러가 약세 국면에 진입했다. 신흥국 증시 강세에 배팅해보자. 언급한 바와 같이 미국 연준의 스탠스가 인플레이션 둔화 조짐으로 곧 금리를 인하할 것이라는 전망이 우세하고 연착륙에 대한 기대감이 커지면서 달러 또한 약세 전환이 되고 있는 시점이다.

실제로 스탠다드뱅크의 G10 전략 책임자인 스티븐 배로우Steven Barrow는 "달러가 다년간 하락 추세에 진입할 것이라는 우리의 주장은 부분적으로 연준의 긴축 사이클이 완화 사이클로 전환될 것이라는 사실에 근거하고 있으며, 이는 다른 중앙은행이 인하하더라도 달러를 끌어내릴 것"이라고 답했다.

세계 최대 자산운용사인 블랙록BlackRock Investment Institute의 웨이 리Wei Li 수석 투자 전략가는 "신흥 시장의 금리는 정점에 도달하고 있으며, 달러화의 후퇴와 중국의 랠리 재개도 최근 몇 달간 신흥 시장 자산에 도움이 됐다" 라고 했다. 이렇듯 미국 연준의 금리 인상 중단이 달러 약세를 초래하면서 신흥국 증시에 보다 높은 기대를 갖는 이유다.

그간 달러 강세에서 약세 국면으로 진입할 때 신흥국 증시에 큰 기회가 되어왔다. 경험상 IT 버블과 2008년 금융 위기 이후 달러의 약세 국면이 1~2년 진행됐을 때도 신흥국 증시는 상대적으로 강세를 보여왔다.

달러 약세 압력이 커질수록 미국 이외의 나라들로 유동성이 이동할 것이며, 그중 외국인 민감도가 높고 환율과의 연동성이 높은 국내 증시에 대규모 자금 유입이 기대되는 상황이다.

2024년은 우리나라 GDP 성장률이 미국보다 높을 것으로 보이고, 이것은 달러 대비 원화 강세 압력이 커지면서 외국이 순매수 유입을 강화하는 요인이 될 것이다.

달러 강세 = 신흥국 증시 부진, 달러 약세 = 신흥국 증시 강세 패턴 반복

선진국 대비 신흥국 상대 강도
선진국 대비 신흥 아시아 상대 강도
달러 인덱스(오른쪽)

(95.1=100)   (단위 : 포인트)

출처 : 블룸버그, 대신증권 리서치센터

**달러 대비 원화 강세 압력이 커질 경우 외국인 투자자자들의
우리나라 증시 러브콜은 지속·강화될 전망**

외국인 누적 순매수(왼쪽)
달러 대비 원화 약세 강도(오른쪽)

(단위 : 조 원)   (00.1.1.=100)

출처 : 블룸버그, 대신증권 리서치센터

결론적으로 미국의 물가 안정으로 인한 연준의 금리 인하 스탠스는 곧 달러 약세를 초래해 주식과 비트코인 등 위험 자산으로의 폭발적인 자금 이동이 있을 것이다. 가장 수혜를 받는 곳은 국내 주식 시장일 것으로 확신한다.

| 2024년 대세 상승장을 기대하는 근거 ③ OECD 경기선행지수와 수출 |

국내 증시의 바로미터인 OECD 경기선행지수가 반등한다. OECD 경기선행지수란 OECD에서 작성하는 지수로 국가별, 지역별로 6~9개월 뒤 경기 흐름을 예측하는 지수다. 경기 전환점을 파

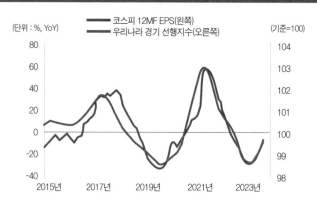

코스피 12개월 예상 EPS, 우리나라 경기 선행지수

(단위 : %, YoY) ── 코스피 12MF EPS(왼쪽) ── 우리나라 경기 선행지수(오른쪽) (기준=100)

출처 : 톰슨로이터, 블룸버그, 신한투자증권

악하는 데 중요한 경제지표로 투자자들이 신뢰 있게 많이 이용하는 지표다.

OECD 경기선행지수가 바닥을 찍고 상승으로 전환되면 곧 경기가 회복되면서 주식과 채권 등 자산의 상승을 예측할 수 있다. OECD가 집계한 우리나라 경기 선행지수 순환 변동치 역시 2023년 5월에 저점을 기록한 이후 3개월째 반등하며 경기 회복에 관한 기대를 뒷받침한다.

또 하나는 코스피와 상관관계가 높은 것이 수출 데이터다. 코스피 지수의 방향성을 가늠해볼 수 있는 경제지표로 많은 투자 전문가가 수출을 꼽고 있다.

2005년 1월부터 2023년 9월까지 코스피 지수와 일평균 수출의 상관계수는 0.85로 매우 높은 편이다. 상관계수는 1에 가까울수록 두 지표 사이의 상관관계가 짙다는 의미다.

코스피와 밀접한 연관성을 보이는 우리나라 수출지표는 글로벌 경기 하강에 따른 수요 둔화로 지난 1년간 부진을 기듭하다가 최근 살아나기 시작했다. 산업통상자원부가 11월 1일 발표한 '10월 수출입 현황'에 따르면, 지난달 수출액은 550억 9,000만 달러로 전년 동월 대비 5.1% 증가했다. 13개월 만의 플러스 전환이다.

2023년 수출이 자동차 기계 등의 호조에도 반도체 수출 부진으로 역대급 느린 회복세를 전개했다면, 2024년에는 반도체 중심의 IT 업황과 중국 경기 반등으로 개선 속도가 빨라질 전망이다.

코스피 vs. 수출 증가율

——코스피 상승률 ——수출 증가율

(단위 : %)

출처 : 한국은행, 프리즘투자자문

구분	2022년	2023년			2024년		
	연간	상반기	하반기	연간	상반기	하반기	연간
GDP(%)	2.6	0.9	1.6	1.3	2.3	2.0	2.1
민간 소비(%)	4.1	3.1	1.1	2.0	2.0	2.4	2.2
건설 투자(%)	-2.8	1.8	-1.2	0.2	-2.5	1.7	-0.3
설비 투자(%)	-0.9	5.3	-8.1	-1.7	-2.2	8.6	3.0
경상수지(억 달러)	298	24	236	260	200	250	450
통관 수출(%)	6.1	-12.4	-3.4	-8.0	9.7	6.8	8.2
통관 수입(%)	18.9	-7.7	-13.4	-10.6	0.7	5.7	3.2
소비자물가(%)	5.1	4.0	3.3	3.6	2.9	2.3	2.6
국고 3년 금리(%)	3.18	3.42	3.81	3.62	3.70	3.33	3.51
원·달러 환율(원)	1,292	1,296	1,316	1,306	1,293	1,268	1,280

이와 같이 OECD 선행지수의 반등과 국내 수출의 증가세로 보았을 때 2024년의 증시는 경기 회복 국면에서 민간 소비의 증가와 기업 실적의 증가에 따라 증시 유입 자금의 유동성이 풍부해질 것으로 판단해 증시의 우상향 상승을 기대해볼 수 있다.

금리 인상의 마무리 시점, 금리 인하 기대감과 그에 따른 달러 약세 국면에 진입한다. 국내적으로 OECD 선행지수의 반등과 수출 회복에 따른 경상수지는 가파른 상승세를 보일 것이다.

이 3가지 조건이 2024년 증시 상승을 기대하는 확실한 지표라고 본다. 2023년까지 증시의 어두운 터널을 뚫고 2024년은 증시의 밝은 빛을 볼 수 있는 시기일 것을 기대한다.

2024년 유망 업종 원 픽은 로봇

| 미래 최고 성장 산업,
로봇에 주목하라 |

로봇은 이제 만화나 영화에서만 나오는 상상 속의 물체가 아닌 우리 삶에서 반드시 필요한 존재가 되고 있다.

노동력 부족, 인건비 상승 같은 사회적 변화에 따라 로봇의 수요는 공장 등 제조 현장뿐 아니라 식당과 카페 등 서비스 현장으로도 확대되고 있다.

이러한 시대적인 흐름은 로봇을 미래 성장 산업 가운데 가장 유망한 산업으로 시장에서 인식하고 있으며, 명확한 성장 방향성이 확인되고 성장에 대한 가시성이 높아지고 있는 현실이다. 정부 또한 로봇을 연구 개발하는 데 집중 투자하고 중소기업에 재정 지원을 하는 등 로봇 산업 발전에 적극적으로 지원하고 있다.

향후 로봇 산업의 성과와 실적 성장이 동반되며 중장기적인 우상향 흐름을 기대해볼 수 있을 것으로 전망하고, 2024년이 본격적으로 로봇 산업이 성장하는 원년이 될 것으로 예상한다.

미래에는 지금보다 더 많은 로봇이 필요해질 것이다. 이유는 출산율 저하와 노령화 심화에 따른 생산가능인구가 급격히 줄어들면

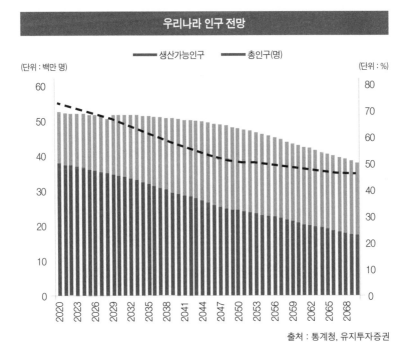

출처 : 통계청, 유지투자증권

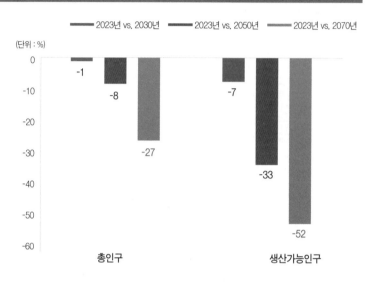

서 인력 부족과 인건비 상승으로 로봇 같은 자동화 수단에 대한 수요가 구조적으로 증가할 것이기 때문이다.

61페이지의 그림을 보면 우리나라의 생산가능인구는 2023년 대비 2030년은 7%, 2050년은 33%, 2070년은 52% 감소할 것으로 전망한다. 그러므로 산업 현장에서의 인력 부족 문제는 빠른 속도로 심화될 가능성이 크다.

이러한 흐름 속에서 가장 주목해야 할 것은 협동 로봇 시장이다. 협동 로봇이란 사람과 분리되지 않은 공간에서 인간과 협동하는 파트너 개념의 로봇을 뜻한다.

협동 로봇은 사람과 물리적 협업이 가능하며 범용성이 넓어 제조업 외에도 의료·서비스 산업 등 다양한 활용이 가능해 높은 잠재적 성장을 보유하고 있다.

세계 협동 로봇 시장은 2030년까지 약 8조 원 규모로 성장할 것으로 예측되며 7년간 연평균 성장률이 약 20% 되는 것으로 추정된다. 이 중 국내 시장 규모는 6,000억 원으로 보고 있으며, 국내 협동 로봇 시장의 성장 또한 기대되는 흐름이다.

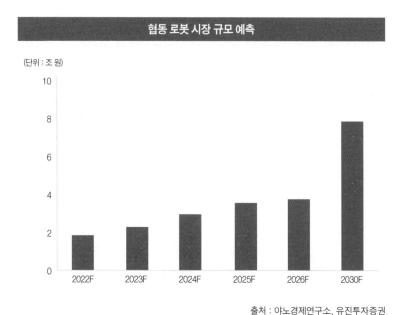

협동 로봇 시장 규모 예측

(단위 : 조 원)

출처 : 야노경제연구소, 유진투자증권

협동 로봇 출하 대수 예측

(단위 : 만 대)

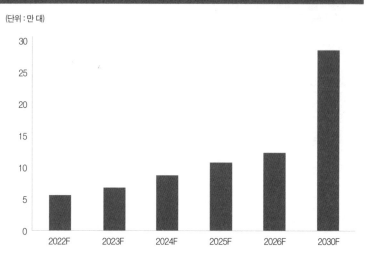

출처 : 야노경제연구소, 유진투자증권

국내 협동 로봇 시장 규모 추이

(단위 : 십억 원)

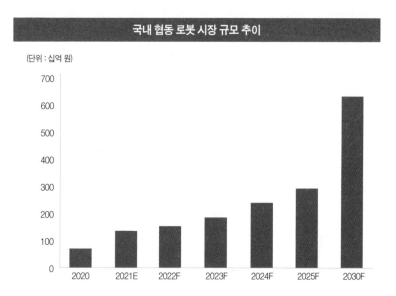

출처 : FR, 야노경제연구소, 유진투자증권

국내 협동 로봇 설치 수 추이와 예측

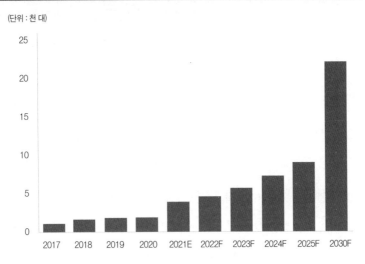

(단위 : 천 대)

출처 : FR, 야노경제연구소, 유진투자증권

▌대기업은 로봇에
진심이다 ▌

최근 전자, 통신·IT, 모빌리티 사업을 해오던 국내 대기입들이 로
봇 사업에 진심이다. 로봇이 미래 먹거리로 주목받으면서 삼성, LG,
현대차, 두산로보틱스, 한화로보틱스 등이 로봇 사업 확장에 나선
것이다.

(1) 삼성전자

국내 최고의 기업인 삼성전자가 차세대 먹거리인 로봇 사업을 본

격적으로 추진한 이유는 더는 반도체와 스마트폰으로 전 세계 점유율을 지킬 수 없는 판단에서 비롯되었다고 할 수 있다. 그래서 2021년 2월 로봇 사업화 추진을 위해 로봇 사업 TF를 신설했고 본격적으로 로봇 상용화 준비에 나서고 있다.

삼성전자는 2023년 10월 말 AI를 탑재한 휴머노이드 로봇을 반도체 생산 공정에 투입할 것을 계획 중이라고 밝혔다.

또 2025년에는 가전제품 제조 공정에도 로봇 개 투입을 검토 중이다. 이를 위해 삼성전자는 앞서 휴머노이드 로봇 휴보를 개발한 레인보우로보틱스에 지분 15%를 매입하면서 적극적인 투자를 진행한 적이 있으며 향후 삼성웰스토리와 함께 단체 급식에 로봇 자동화 솔루션도 도입할 예정이다.

(2) LG전자

국내 기업 중에서 가장 먼저 로봇을 상용화하고 사업을 추진해온 기업이다. 2017년 인천국제공항의 안내용 로봇으로 개발한 클로이 로봇을 시작으로 총 7개의 서비스 로봇까지 라인 업을 확대한 바 있다.

가정용 허브 로봇, 청소 로봇, 서빙 로봇, 쇼핑 카트 로봇 등을 공개했고, 로보티즈(108490)와 로보스타(090360) 같은 로봇 기업에 지분 투자를 단행하며 로봇 사업에 이미 사활을 걸고 있다.

LG전자 측은 향후 상품 운송의 마지막 단계에서 인력을 대신할 수 있는 물류용 로봇 개발에 집중할 것임을 밝혔고 2018년 LG클로이 수트봇을 개발해 산업 현장은 물론 일상생활에서 보행이 불편한 사용자를 위한 웨어러블 로봇을 선보이기도 했다.

이렇듯 그동안의 서빙 로봇과 안내 로봇 중심의 서비스 제공에서 제조 산업 전반에 투입할 수 있는 제조용 로봇 또한 개발 및 사업 다각화를 추진 중이다.

(3) 현대차

4족 보행 로봇 스팟Spot과 휴머노이드 로봇 아틀라스Atlas를 통해 큰 주목을 받은 보스턴다이내믹스를 보유하고 있는 현대자동차그룹은 로봇 연구를 통해 자율주행 기술을 강화한다. 로봇의 AI와 기존 주력 사업이 자동차 사업의 자율주행 간 기술 중첩도가 높으므로 기술 시너지가 가능한 이유다.

현대차는 2018년에 '차량 전동화, 스마트카, 로봇 & AI, 미래 에너지, 스타트업 육성'을 5대 신산업으로 지목하고 대규모 투자를 신행할 계획을 밝혔고, 2019~2040년까지 매출에서 로봇 사업이 차지하는 비중이 20%까지 늘어나게 될 것을 전망했다. CES2022에서는 로봇 중심의 전시 내용을 선보이며 로보틱스 비전을 강조했고, 로봇 AI연구소를 설립해 기술 역량 강화를 추진하고 있다.

현재 개발 상용화를 추진 중인 자율주행차 분야도 큰 틀에서는 로봇이라고 규정할 수 있으며, 그만큼 로봇 사업과 모빌리티 기업의 결이 비슷하다는 것을 볼 수 있다. 따라서 현대차 또한 로봇 사업을 차세대 먹거리로 집중 육성해 새로운 부가가치를 만들어가겠다는 의도다. 현대차는 한마디로 제조 현장에서의 작업 효율 증대를 위한 웨어러블 로봇, 자율주행을 접목한 실내외 자율주행 로봇 등 로봇 사업 성과에 기대가 큰 기업이다.

조금 더 나아가 '도심 항공 모빌리티UAM' 사업도 로봇 기술과 높은 시너지가 기대되는 사업이므로 향후 현대차의 로봇 사업 추진 행보가 기대된다.

(4) 두산

대기업 중에서 로봇 산업에 대한 기대감이 가장 큰 기업은 두산 그룹이 아닐까 한다. 국내 최대의 협동 로봇 기업인 두산로보틱스의 지분 91%를 보유하고 있고 2015년에 두산로보틱스를 설립했으며 2018년부터 본격적으로 로봇 판매에 나섰다.

두산로보틱스는 현재 국내에 상장해 있는 로봇 관련 기업 가운데 가장 미래 성장성과 실질적 로봇 관련 수혜를 얻을 수 있는 기업이다. 국내 최대의 협동 로봇 기업이며, 국내 시장 점유율 1위, 글로벌 4위 기업이다.

두산은 현재 로봇 사업의 빠른 성장에 주목해 앞으로도 사업 확대에 주력할 계획이다. 두산로보틱스는 국내뿐 아니라 미국과 유럽 등 글로벌 시장에 진출해 브랜드 이미지 구축에 나서고 있다.

미국 테슬라 또한 2022년 9월 말 'AI 데이'를 통해 휴머노이드(인간형 로봇) '옵티머스'를 선보였다. 옵티머스에는 테슬라의 자율주행 차에 적용한 반도체를 적용하고 카메라를 총 8개 탑재했다. 시속 8킬로미터로 이동하며 최대 20킬로그램의 물체를 운반하고 최대 68킬로그램의 물건을 들 수 있다. 일론 머스크^{Elon Musk} 테슬라 CEO 는 2024년 상반기까지 옵티머스 시제품을 개발 완료하고 생산을 준비할 것이라고 언급했다.

이렇듯 국내 기업과 선진국 빅테크 기업도 로봇 산업의 잠재력과 확장성을 인지하고 있고 활발히 로봇 사업을 준비·진행하고 있는 모습이다. 대기업의 적극적이고 공격적인 로봇 산업 진출로 향후 로봇 산업이 얼마만큼 성장 잠재력이 있고, 미래 먹거리 산업인지를 잘 알 수 있다.

15년 전만 하더라도 핸드폰으로 인터넷을 하는 세상을 상상하지 못했던 것처럼, 스마트폰을 전 세계 사람들이 모두 사용하듯 앞으로 1가구 1로봇 세상이 올 수 있다는 생각을 해본다.

로봇 산업은 단순한 테마가 아닌 메가 트렌드로서 산업의 패러다임을 바꿀 수 있는 혁신적인 산업이다. 경기 회복기에 접어들 것으로 전망되는 2024년 하반기부터 2025년에 걸쳐 대기업들의 로봇 기업 투자로 본격적인 실적 성장 국면에 진입할 수 있을 것으로 판단한다. 더불어 상장해 있는 로봇 관련 기업들이 향후 주도주가 될 가능성이 매우 크다고 생각한다.

┃2024년 최고의 유망주
3종목 ┃

(1) 두산로보틱스(454910)

두산로보틱스는 2015년 협동 로봇 4개의 개발을 시작으로 2020년 모델 6개를 추가 출시하면서 협동 로봇 시장에서의 최대 라인업을 보유하고 있다. 국내 로봇 기업 가운데 글로벌 시장에 안착한 유일한 기업이다. 또 국내 상장된 로봇 관련 기업 중 대장주라 할 수 있다.

두산로보틱스는 현존하는 협동 로봇 중 가장 무거운 중량을 운반할 수 있는 H시리즈(가반 하중 20~25킬로그램)를 경쟁사 대비 빠르게 출시하면서 국제표준ISO 안전 등급 중 최고등급인 PLe, Ca4 등급을 취득했다.

최근 두산로보틱스의 가파른 매출 성장률 또한 이 가반 하중이 높은 제품의 수요 증가 영향으로 보이며 향후 실적, 주가 흐름 또한 긍정적이라 볼 수 있겠다.

두산로보틱스는 2018년 양산을 시작해 꾸준한 성장을 거듭해왔으며, 2020년부터 2022년까지 매출액은 연평균 49% 수준으로 성장해왔다. 2023년 상반기 실적은 전반기 경기 침체로 일시적인 영업손실을 기록했지만, 2024년부터는 실적 턴어라운드와 함께 고성장 궤도에 다시 오를 것으로 전망한다.

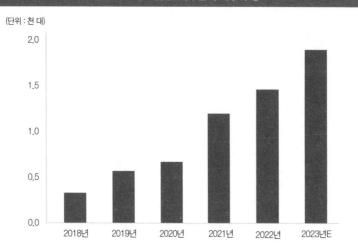

두산로보틱스 협동 로봇 판매 대수 추정

(단위 : 천 대)

출처 : 유진투자증권

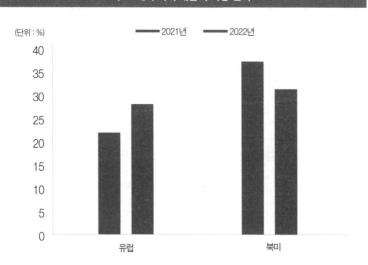

주요 해외 지역 매출액 비중 변화

(단위 : %)

2021년   2022년

유럽   북미

출처 : 유진투자증권

두산로보틱스 연결 손익 계산서

(단위 : 백만 원)

과목	2020년		2021년		2022년		2023년 반기	
	금액	비중	금액	비중	금액	비중	금액	비중
매출액	20,164	100.00%	36,980	100.00%	44,954	100.00%	23,652	100.00%
매출 원가	15,714	77.93%	25,598	69.22%	30,710	68.32%	17,659	74.66%
매출 총이익	4,450	22.07%	11,382	30.78%	14,244	31.66%	5,993	25.34%
판매비 관리비	18,305	90.78%	18,467	49.94%	27,472	61.11%	15,926	67.33%
영업 이익	(13,855)	(68.71%)	(7,085)	(19.16%)	(13,228)	(29.43%)	(9,932)	(41.99%)
당기 순이익	(14,453)	(71.68%)	(7,417)	(20.06%)	(12,548)	(27.91%)	(9,333)	(39.46%)

출처 : 두산로보틱스 2022 연간 감사 보고서

로봇 산업 자체가 이제 막 태동하는 산업이라서 본격적으로 실적이 찍히는 것은 기대하기 힘들다. 약 5년 전 전기차 섹터도 마찬가지였다. 즉 시장에서는 현재의 실적보다는 미래의 성장성에 주목하고 현재 성장성에 미래의 실적까지 본다면 지금의 로봇 관련 기업들은 현재 실적 대비 저평가와 성장 가능성은 충분하다는 것이 결론이다.

(2) 레인보우로보틱스(277810)

2023년 1월 초 삼성전자는 레인보우로보틱스의 제삼자 배정 유상증자에 참여해 지분 15%를 보유하며 최대 주주로 등극했고, 콜옵션 비중까지 한다면 사실상 인수를 하겠다는 의지다.

이는 레인보우로보틱스의 협동 로봇을 활용한 삼성그룹의 미래 로봇 산업에 관한 본격적인 추진으로 볼 수 있다. 따라서 협동 로봇 판매 실적 증가와 삼성전자 공급 레퍼런스 확보에 따른 글로벌 인지도 향상을 고려했을 때 레인보우로보틱스의 향후 성장성에 따른 주가 흐름은 정말 긍정적일 것이다.

레인보우로보틱스는 2022년부터 지속적으로 글로벌 로봇 SI 파트너사와 협의를 추진해왔으며 현재는 유럽·북미 지역의 파트너사와 공급 계약을 하고 있다.

2024년에는 레인보우로보틱스의 본격적인 해외 매출 발생까지 기대할 수 있는 상황이다. 그러므로 현재 주가는 삼성 투자와 함께 로봇 관련 테마의 붐으로 상승이 진행된 결과라고 한다면 2024년부터는 실질적인 숫자가 찍히는, 즉 실적 모멘텀까지 기대해볼 수 있는 주가 상승의 원년이 될 가능성이 있다고 생각한다.

레인보우로보틱스의 실적은 2022년 기준으로 영업이익이 흑자 전환을 했으며, 2023년은 영업이익이 전년 대비 228%나 증가하는 외형 성장을 하고 있다. 2024년에는 서빙 로봇 출시도 기대된다.

국내 서빙 로봇 시장의 80% 이상을 중국산 로봇이 차지하고 있는데 레인보우로보틱스의 시장 진입으로 시장 구도의 변화가 기대된다.

이외에도 물류 로봇, 의료용 로봇, 서비스 로봇 등 본격적인 로봇 개화 시기를 맞이하고 있는 가운데 레인보우로보틱스의 기술력을 바탕으로 빠르게 시장 점유율을 높일 가능성이 있다고 본다.

(3) 뉴로메카(348340)

뉴로메카는 두산로보틱스와 레인보우로보틱스처럼 로봇 시장 점유율과 실적 전망이 높지 않지만, 기술력과 시장 경쟁력에서는 크게 뒤처지지 않으므로 향후 성장성이 더욱 기대되는 로봇 기업이라 볼 수 있다. 한마디로 후발 주자이지만 언제든 1등이 될 수 있는 로봇 기업이다.

뉴로메카는 2013년에 설립된 협동 로봇 제조와 제어 소프트웨어 전문 기업이다. 매출 비중은 협동 로봇 56%, 물류 로봇 3%, 로봇 부품 등 37%, AS 부품(상품) 1%, SI$^{System Integration}$(용역) 3%로 나뉜다.

협동 로봇 제조·판매가 주력이고 이외에도 산업용 로봇, 자율이동 로봇, 푸드테크 로봇, 용접 로봇 등을 제품 라인업으로 보유하고 있다. 뉴로메카는 단품에서 서비스 제품, 솔루션 제품까지 국내에서 최다 제품군을 보유하고 있어서 시장 경쟁력은 다른 기업들과 비교했을 때 뒤처지지 않는다.

뉴로메카의 가장 큰 장점은 로봇 분야에서의 높은 기술력을 보유했다는 것이다. 많은 연구 인력과 업계 최대 특허 등록을 보유하고 있으며, 로봇부터 솔루션까지 국내에서 최다의 제품 라인업을 자랑한다. 2024년에는 본격적인 실적 개선을 기대한다. 2024년 연간 연결 기준 매출액, 영업이익은 각각 264억 원(+56.2% YoY), 4억 원(흑자 전환 YoY)으로 전망한다.

호실적을 기대하는 이유는 경상북도 포항시 신공장 효과를 반영한 점, 디스플레이 로봇과 푸드테크 로봇의 대량 주문이 발생할 가능성이 큰 점, 모터 등 로봇 부품에 대한 매출이 확대될 것이라 전망되는 점 등에서 비롯됐다.

2024년과 이후에 추가적인 뉴로메카의 매출 업사이드 요인으로는 의료용 로봇 ODM 사업의 본격화, 자율이동 로봇('모비'), 용접 로봇, 우주 청소 로봇 등 신규 제품의 매출 본격화를 고려할 수 있다.

뉴로메카에 대해 단기적인 실적 기대보다는 다양한 로봇 사업의 성장성과 중장기 손익 개선 가능성에 초점을 두고 지켜본다면 2024년에 기대할 수 있는 기업이 되지 않을까 한다.

차트의 기술,
성공률 90% 이상의 실전 매매 기법

혹자는 주식 투자를 하면서 차트는 볼 필요 없다, 차트 분석할 시간에 기업의 내재 가치를 더 분석해서 저평가 기업을 발굴하라는 등 기업의 펀더멘털을 분석해 미래 성장 대비 현 주가가 저평가인 종목을 중장기 투자를 한다면 성공할 것이라고 한다.

하지만 그것은 마치 전쟁에 나가는데 무기 없이 적이 스스로 죽기를 바라거나 내가 그 전쟁에서 살아남기를 바라는 어이없는 생각이다. 결코 주식 시장에서 성공할 수 없는 마인드를 가진 투자자다.

차트를 읽을 줄 모르면 주식 투자에서 최적의 매수 타점과 매도 타점을 잡을 수 없다. 따라서 기술적 지표를 활용한 기술적 분석은 반드시 필요하며, 나에게 맞는 지표 몇 가지를 확실히 습득해 실전 매매에 적용하는 것이 중요하다.

주식은 매도의 기술이라고 하지만 개인적으로 매수를 잘해야 성공한다고 본다. 실질적으로 이 시장에 있으면서 그런 관점으로 기술적 분석을 접근했고, 오랜 시간 동안 지표 분석을 통해 성공 확률이 높은 매수 타점을 잡는 기법을 연구해왔다.

최적의 타이밍에서 매수만 잘한다면 그다음은 나 자신의 욕심과 싸움이므로 크게 욕심부리지 않고 꾸준하게 작은 수익이라도 챙겨 나간다면 큰 부를 쌓을 수 있다는 것을 피부로 느꼈다.

따라서 그중 내가 20년 이상 이 시장에서 살아남은 매매 기법들을 공개할 예정이며, 기술적 지표 2가지를 통해 최적의 매수 타점을 잡는 방법을 이야기하고자 한다.

보조 지표 2가지를 활용한 매매 기법으로, 상승 추세 전환의 초입 구간에서 매수하는 기법과 주가·종합지수의 저점을 잡아 주가 바닥을 확인할 수 있는 매매 기법이다. 또 이동평균선을 이용한 중장기 매매 기법으로, 한번 추세 상승이 나오면 중장기적으로 큰 시세가 나올 수 있는 기법을 공개해보겠다.

지금부터 세상에서 가장 간단하고, 쉽고, 정확한 기술적 매매 기법을 소개해보겠다. 반드시 이 기법을 숙지해 실전 매매에 활용해보기 바란다.

| 주가 추세의 강도와 방향을 결정하는
MACD 매매법 |

MACD란 Moving(이동), Average(평균), Convergence(수렴), Divergence(발산)의 약자로 이동평균의 수렴과 발산을 이용해 시장·종목의 추세를 식별하는 매매 지표다.

단기 이동평균선과 장기 이동평균선이 주가의 변동으로 인해 수렴과 확산을 반복한다는 원리에 기반을 두고 두 이동평균선의 차이가 가장 큰 시점을 찾아내 추세 변화의 신호로 삼는 지표다.

MACD의 원리는 장기 이동평균선과 단기이동평균선이 서로 멀어지게 되면Divergence 언젠가는 다시 가까워져Convergence 어느 시점에서 서로 교차하게 된다는 성질을 이용해 이동평균선 2개가 멀어지게 되는 가장 큰 시점을 찾는 것이다.

MACD와 시그널선의 골든크로스, MACD 0선 돌파 등 활용할 수 있는 기법이 여러 가지가 있지만, 약 20년간 주식 시장에 있으면서 스윙 매매에서 가장 신뢰가 높았던 매매법은 MACD 오실레이터Oscillator 매매법이다.

MACD 오실레이터는 주가 추세의 전환을 정확히 포착해 상승 추세의 초입 구간에서 매수 시그널이 발생한다. 즉, 오실레이터가 0선 상향을 돌파하면 '매수 신호'라고 보면 된다.

여기서 중요 포인트는 하락하던 주가가 거래량을 동반하면서(이때

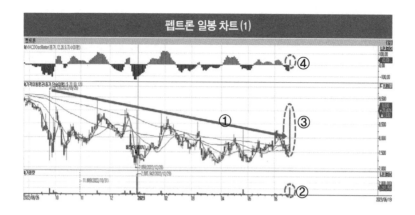

펩트론 일봉 차트 (1)

거래량은 평균 거래량의 약 5배 이상의 거래량을 의미한다) 의미 있는 이평선(20일선, 60일선)을 돌파하고 MACD 오실레이터가 양(+)으로 전환된다면 성공 확률 90% 이상의 매수 타점이다.

그렇다면 차트를 보면서 설명해보겠다. 종목에 대한 재료 분석이나 사업 영역에 대한 부분들은 생략하고 단순하게 일봉 차트의 흐름과 맥점만 보고 이야기를 풀어보겠다.

주가는 지속적으로 우하향하는 전형적인 역배열 구간의 종목이었는데① 갑자기 평균 거래량보다 약 5배 이상 거래량이 터지면서 ② 5일선, 20일선, 60일선 모두 한 번에 돌파하는 장대 양봉이 출현했다③.

그러면서 ④처럼 MACD 오실레이터가 양(+)으로 전환되면서 주가의 상승 추세 전환 신호와 함께 최적의 매수 타점 시그널이 나왔다. 그 후 주가는 과연 어떻게 됐을까?

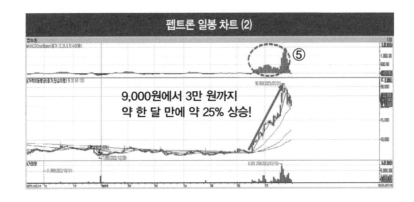

펩트론 일봉 차트 (2)

9,000원에서 3만 원까지
약 한 달 만에 약 25% 상승!

⑤

9,000원이었던 주가가 한 달 만에 무려 3만 원 이상까지 급등하면서 약 250%의 상승을 했다. 중요 포인트는 MACD 오실레이터가 한 번 양(+)이 나온 이후 상승 중 한 번도 음(-)으로 전환하지 않은 것이다. 이것은 즉, ⑤처럼 한 번 상승 추세로 진입하면 쉽게 꺾이지 않으며, 만일 상승 추세에서 MACD 오실레이터가 음(-)으로 전환한다면 그것은 상승을 마무리하고 이제 하락 전환하는 신호이므로 매도, 즉 수익 실현 관점으로 봐야 한다.

결론적으로 주가 역배열(하락 추세)에서 대량 거래와 함께 20일, 60일 이평선을 돌파하면서 MACD 오실레이터가 양(+)이 출현하면 매수 최적의 타점이라고 정리할 수 있겠다.

매도 타이밍은 MACD 오실레이터가 음(-)으로 전환할 때인데, 매도는 나 자신의 욕심과 싸움이므로 수익이 났을 때 챙기는 사람이 승자다. 즉, 수익을 볼 때 챙기자.

| 지수 바닥은 RSI가,
주가 바닥은 엔벨로프가 잡는다 |

1978년 웰레스 와일더Welles Wilder가 개발한 '상대강도지수RSI'는 일정 기간의 전일 가격 대비 상승과 하락 변화량의 평균값을 구해 과열과 침체 구간을 찾아내 매매하는 기법이다. 한마디로 일정 기간의 매수·매도의 강도를 판단해 추세 전환을 예측해 매매하는 것이라고 할 수 있다.

RSI ⟨ 30 이하 : 초과 매도 상태 = 침체 구간(과매도 구간) → 매수

RSI ⟩ 70 이상 : 초과 매수 상태 = 과열 구간(과매수 구간) → 매도

RSI는 쉽게 이야기해서 종목과 지수의 저점을 잡는 신뢰도 높은 기술적 지표다.

우리가 지수의 저점과 고점을 알게 되면 파생하는 투자자들은 하락 마무리 시점에서 콜에 배팅할 것이고 고점 구간에서는 풋에 배팅할 것이다. 또 현물(주식)을 하는 투자자들은 지수 저점에서는 주식 비중을 늘릴 것이며, 고점에서는 비중을 줄일 것이다.

이것을 정확하게 판단해줄 수 있는 지표가 RSI 지표인데, 차트를 보면서 설명해보겠다.

①처럼 하락하던 지수가 RSI 과매도 영역에 들어오면서 검은색

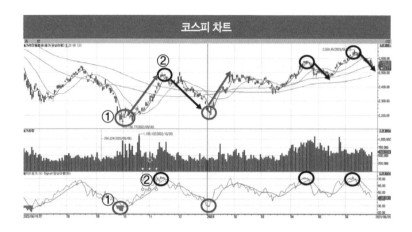

코스피 차트

웅덩이를 파게 된다. 이는 곧 상승 전환의 시그널이라고 생각하고 지수 상승을 준비해야 하는 시점이다. 그 후 지수는 급반등이 나왔으며 이때 파생 투자자는 콜을, 주식 투자자는 주식 매수를 해야 한다.

반대로 ②처럼 지수 고점에서는 RSI 지표가 과매수 영역에 진입하면서 보라색 산을 만든다. 이때는 지수의 하락을 대비해야 하는 상황이므로 파생 투자자들은 풋을, 주식 투자자들은 현금 확보와 리스크 관리를 해야 하는 시점이다.

결론적으로 코스피, 코스닥, 선물 차트 일봉에서 RSI 지표가 과매도 영역에 들어왔을 때(검은색 웅덩이) 시장 반등을 준비하고, RSI 지표가 과매수 영역에 들어왔을 때(보라색 산)는 지수 하락을 준비해야 한다.

엔벨로프Envelope 지표란 주가 차트 위에서 저항선과 지지선을 표

시해 주가의 추세를 파악하는 기술적 지표다. 실전 매매에서는 저항선을 사용하지 않고 지지선만 사용해 단기 상승 이후의 조정 구간에서 최적의 매수 타이밍을 잡는 매매 기법이다.

이 매매법은 대형주뿐만이 아니고 중소형주, 테마주 등 모든 종목에 신뢰도 있게 적용할 수 있는 매매 기법이다. 한마디로 주가의 상승 추세에서 단기 조정 바닥을 잡는 유용한 매매 기법이다.

설정 방법은 채널 지표 → 엔벨로프를 클릭한 후 ①처럼 조건 설정 → 기간 20, 비율 20으로 설정하고, ②처럼 저항선과 중심선을 지운 다음 지지선 하나만 클릭해 설정한다.

이렇게 설정을 한 후 상승 추세에서의 주가가 엔벨로프 하단에

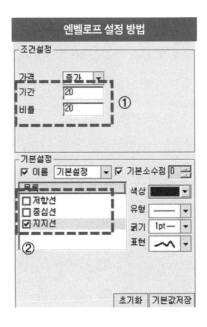

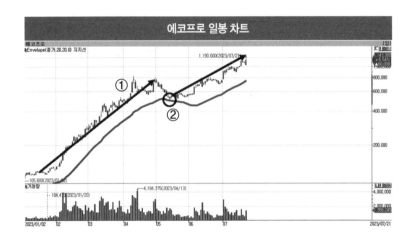

에코프로 일봉 차트

닿을 때 매수 시그널로 매수하면 단기에 10% 이상, 많게는 100% 이상의 수익을 얻을 수 있다. 이때 중요 포인트는 상승 중에 첫 엔벨로프 지지선에 터치해야 가장 신뢰도가 높다.

위의 그림에서 ①처럼 상승 추세에서의 첫 번째 눌림 구간, 즉 엔벨로프 지지선(보라색 선)에 처음 터치한 후 주가는 짧게는 10%, 중기적으로는 100% 이상 상승률을 보였다.

결론적으로 엔벨로프 기법은 상승 추세에서의 종목이 단기 조정을 받는 첫 구간을 정확하게 매수 타점을 잡는 매매법이다. 설정 방법을 기간 20, 비율 20으로 수정한 후 지지선만 사용해 주가가 처음 지지선에 터치하는 그 자리를 매수의 적기로 판단하면 된다.

이 매매법은 하락장일 때 빛을 바라는데 2023년 8월 급락장에서 이와 같은 매매법으로 지수 하락을 예견했고, 그에 따라 낙폭 과대한 종목들로 트레이딩한 결과 8월 수익률도 205.8%를 달성했다.

자신에게 맞는 옷이 있듯이 매매 기법 또한 마찬가지로 나에게 맞는 투자 스킬이 있다. 그것을 얼마만큼 나에게 맞게 활용하고, 숙달되게 사용하느냐에 따라 주식 투자의 기술적 분석에서의 성패가 달렸다고 생각한다.

난 언급한 보조 지표를 활용했을 때 매매 기법 신뢰도가 가장 높았고, 그 결과 시장의 급등락과 상관없이 꾸준한 수익을 낼 수 있었다. 만약 아직도 본인에게 맞는 매매 스킬이 없다면 제시한 매매 기법을 토대로 지금부터라도 실전에서 차근차근 적용해보는 것을 추천하고 싶다. 이런 방법이 누적된다면 한 달, 두 달, 1년 이후의 여러분 계좌는 분명 지금보다 훨씬 나아질 것이고, 주식 투자에서 한층 자신감이 생길 것이라 확신한다.

아직 늦지 않았다. 지금 바로 실천하고, 실전에 적용해보라. 내일부터 여러분의 계좌는 달라질 것이다.

PART 3

로봇의 시대,
성장주에 주목하라

노광민

QR코드를 찍으시면 저자를 만나보실 수 있습니다.

2024년 한·미 증시 성장주들의 2차 상승 랠리를 기대하자

| 미국 국채수익률, 고용, 물가, 유가, GDP, PCE 등 경제지표를 점검하자 |

(1) 국채수익률

10년물 장기 국채금리가 미국의 고금리 환경이 오래 지속될 수 있다는 전망에 오름세를 이어가고 있다. 10년물 국채수익률은 2023년 8월과 9월 내내 상승세를 이어가다가 10월 20일 장중에 연 5%대로 올라섰다. 미국 10년물 국채금리가 5%를 넘은 것은 금융위기 발생 직전인 2007년 7월 이후 처음이다.

그에 따른 증시 하락과 반등은 모두 국채수익률의 변화에 따라 이뤄지고 있다. 미국 국채금리가 급등하면 증시는 하락하며 반대로 국채금리가 하락하면 증시는 상승한다.

한마디로 미국의 국채수익률 상승이 멈춰야 지속 가능한 랠리를 기대할 수 있다. 채권수익률이 상승하는 한 단기 반등은 제한적일 것이다.

이러한 글로벌 국채금리의 고공 행진이 이어지는 이유는 인플레이션 압력이 커지면서 미국 연준이 예상보다 더 오랜 기간 기준금리를 높은 수준으로 유지할 것이라는 전망이 나오고 있기 때문이다.

하지만 금리 급등세가 진정되는 흐름도 나오고 있다. 시장금리 상승세가 긴축 효과를 불러온다는 관점에서 증시에는 긴축적인 환경이 완화된 상황이 됐으며, 최근 미국의 장기 국채금리의 급등이 지속되면서 더는 연준이 금리 인상을 고집할 수 없는 상황에 이르렀다는 시각이 고개를 들고 있다.

즉, 미국 연준의 연내 금리 인상에 대한 신중론이 강화되고 있다. 고금리 장기화가 악재이기는 하지만 지금이 금리의 정점으로 보는 시각이 점점 커지고 있다.

최근 미국 연준 위원들이 잇달아 비둘기적인 발언을 내놓은 것도 국채수익률 하락을 유발할 수 있다. 즉, 장기 수익률의 상승이 금융 환경을 상당히 긴축시키고 있다는 점에서 미국 연준의 인상이 끝났다고 말하는 사람들이 늘어나고 있다는 것에 주목해야 한다.

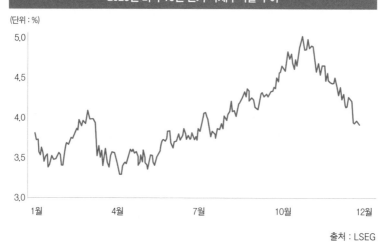

12월 FOMC 이후 2024년 금리 인하 기대감으로 10년물 국채수익률은 2023년 12월 22일 기준으로 3.9%까지 하락하고 있는 중이다.

(2) 고용

미국 연준이 목표로 하는 물가 상승률 2% 달성을 가로막는 요인 가운데 하나가 고용 시장의 과열이다. 고용이 계속 늘어난다면 미국 소비자들의 지출을 확대시키면서 물가를 자극할 여지가 커서 그렇다. 물가를 자극하면 미국 연준 입장에서는 추가 금리 인상을 비롯한 긴축 행보를 이어가야 한다.

2023년 9월 미국 고용 보고서에 따르면, 8월 미국의 비농업 일자리는 전월 대비 33만 6,000개 증가한 것으로 나타나 시장에 충격을

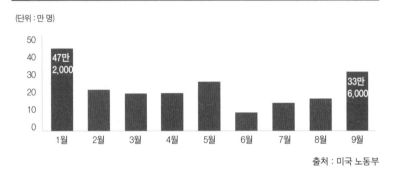

주었다.

하지만 한 달 후에 발표된 10월 고용은 15만 명 증가했다고 발표하면서 예상치 17만 명 증가를 밑도는 수준으로 나왔다. 즉, 고용시장은 점차 약화하고 있다는 것을 보여주고 있고, 추가 금리 인상이 필요하지 않다는 지표가 고용지표에서도 나오고 있다.

고용 발표 직후 국채금리는 4.57%까지 하락해 주가 상승의 촉매제가 됐다. 특히 인플레이션에 직접적 영향을 미치는 임금 상승률이 둔화한 것이 상승 모멘텀이 됐다. 시간당 임금은 작년 같은 기간보다 4.1% 올라 시장이 예상한 4.0%보다는 높았으나 전달의 4.3%보다는 둔화됐다.

(3) CPI

2023년 8월 미국의 CPI는 전년 대비 3.7% 상승했다. 7월(3.2%)보다 상승 폭을 키웠는데 둔화 중이던 미국 물가에 다시 공포감을 주었다. 8월 미국의 CPI 상승 폭이 확대된 이유는 국제 유가가 3개월 새 30% 가까이 치솟았기 때문이다.

또 러시아의 석유 제품 수출 금지와 사우디아라비아의 석유수출국기구OPEC+ 감산 정책 등으로 인해 국제 유가가 지속적으로 상승하고 있었던 데서 찾아볼 수 있다.

제롬 파월 연준 의장은 2023년 9월 FOMC 후에 향후 통화 정책은 새로 나오는 데이터에 근거해 결정할 것이라고 강조했다. 9월 미국 소비자물가는 전월 대비 0.4%, 전년 동월 대비 3.7% 상승하며 컨센서스보다 소폭 높았지만 대체로 무난했다. 근원 CPI도 전월 대비 0.3%, 전년 대비 4.1% 상승하면서 8월의 4.3%보다 둔화됐다.

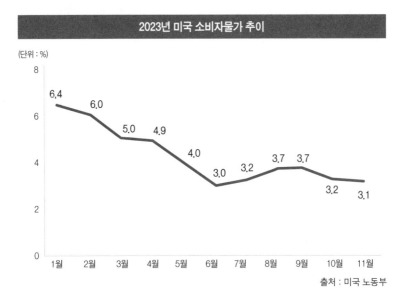

2023년 미국 소비자물가 추이

(단위 : %)

출처 : 미국 노동부

2023년 9월 CPI가 무난하게 나오면서 11월 FOMC에서 금리를 동결했다. 즉, 최근 CPI가 유가에 따라 단기 상승이 나왔지만, 하향 안정화되면 미국 연준이 금리를 인상할 이유가 없어지므로 CPI 지표의 방향을 계속 지켜봐야 할 것이다. 최근 발표된 11월 미국 CPI는 1년 전에 비해 3.1% 상승한 것으로 나타나면서 금리 인하 기대감을 보여주었다.

(4) 유가

고유가 역시 지수 하락과 근원 CPI 상승을 자극하는 요인이다. 고금리를 길게 이어가려는 미국 연준의 목표가 나온 이유가 고유가 추세 때문이다. 즉, 국제 유가 상승은 인플레이션에 직접적인 영향을 미친다는 점에서 미국 연준의 고금리 인상 정책을 유지할 수 있는 촉매다.

2023년 8월 말 배럴당 83달러 수준에서 거래되던 서부텍사스산 원유WTI 선물 가격은 2023년 9월 28일 장중 배럴당 95달러를 웃돌아 2022년 8월 이후 13개월 만에 최고치를 찍었다. 11월 10일 현재 배럴당 77달러로 많이 하락했다.

유가가 상승했던 이유는 사우디아라비아와 러시아의 감산 기간 연장과 미국의 원유 재고 감소, 이스라엘-팔레스타인 전쟁으로 인한 중동 지역 불안감이라고 볼 수 있다.

세계 최대 원유 수출국인 사우디아라비아와 3위 수출국인 러시아가 원유 공급을 줄여온 결과가 점차 가시화되면서 시장에서는 인플레이션 리스크가 새삼 부각됐다. 즉, 유가 상승이 물가 상승으로 이어져 기준금리 인상 가능성을 높이는 악순환이다.

특히 이스라엘의 가자지구 지상전 확대에 따라 지정학적 리스크가 커지고 있다. 전쟁 발발 당시 폭등했던 국제 유가는 다소 주춤한 상태다.

이스라엘-팔레스타인 전쟁이 발발한 10월 9일 WTI는 직전 거래일보다 4% 이상 뛰며 시장에 충격을 줬다. 하지만 다른 중동 지역 국가로의 확전 가능성이 작아지며 현재는 소강 상태다.

시장에서는 유가 상승세가 멈춰 다행이라는 의견이 나오지만, 확전 시 유가가 배럴당 100달러를 돌파할 수 있다는 암울한 예상이 나온다. 이번 역시 친미 성향을 띠는 이스라엘과 친중동 성향을 띠는 팔레스타인 간의 무력 충돌이므로 시장은 유가가 언제든지 급등락할 수 있다고 본다.

(5) GDP 성장률

계절 조정 기준 미국 3분기 GDP 성장률은 전기 대비 연율 4.9% 증가한 것으로 나타났다. 이는 2분기 2.1%의 2배를 웃돈다. 이번 수치는 2021년 4분기의 7.0% 이후 7개 분기 만에 가장 높은 수치다.

미국의 GDP 성장률이 5%를 넘긴 적은 2010년부터 코로나19 팬데믹이 시작됐던 2020년 초까지 한 번밖에 없었다. 미국 경제는

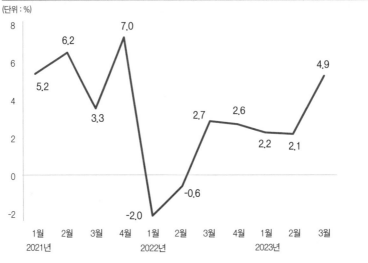

미국 경제성장률 추이

(단위 : %)

- 1월 2021년: 5.2
- 2월 2021년: 6.2
- 3월 2021년: 3.3
- 4월 2021년: 7.0
- 1월 2022년: -2.0
- 2월 2022년: -0.6
- 3월 2022년: 2.7
- 4월 2022년: 2.6
- 1월 2023년: 2.2
- 2월 2023년: 2.1
- 3월 2023년: 4.9

출처 : 미국 상무부

2023년 1분기와 2분기에 2%대의 견고한 성장률을 보인 뒤 급격한 금리 인상에 반응해 낮아질 것으로 전망돼왔다.

이렇게 미국의 나 홀로 호황 이유는 여러 가지가 있지만 맨 먼저 충분한 일자리를 꼽을 수 있다. 실업률이 4%를 넘지 않고 있고 꾸준한 고용 시장 수급으로 대부분 일자리를 원하는 사람들이 일자리를 얻으면서 급여를 받으니 소비 수준이 낮아지지 않는 것이다. S&P 글로벌은 2023년 3분기 GDP 성장률의 절반 이상을 소비자 지출이 차지했을 것으로 보고 있다.

다음으로 미국 정부의 대대적인 재정 지출 때문이다. 즉, 정부의 재정 지출이 GDP 성장률을 견인한 것이다. 재정 지출이 기업들의 투자로 이어져 미국 제조업이 침체에 빠지지 않을 수 있었다. 정부 지출은 2023년 3분기 GDP 성장률을 0.6%p까지 끌어올렸을 것으로 전망된다. 또 2023년 3분기에는 미국의 무역 적자가 급감하며 GDP 성장률에 1%p 이상 기여했을 것으로 추산된다.

2023년 4분기 GDP 성장률이 하향하는 것으로 향후 발표되면 고금리 장기화를 생각 중인 미국 연준의 생각도 많이 변할 것이다.

(6) PCE 가격지수

PCE 가격지수는 헤드라인 PCE 가격지수와 에너지·식료품 가격을 제외한 근원 PCE 가격지수로 나뉜다. 이 중에서 근원 PCE 가격지수가 중요하다. PCE 가격지수는 미국 연준이 통화 정책을 결정할 때 중요하게 생각하는 물가지표 중 하나다.

에너지와 식료품 가격을 포함한 2023년 9월 PCE 가격지수는 전월보다 0.4% 오르고, 전년 대비 3.4% 올라 전달과 모두 같은 수준을 보였다. 9월 근원 PCE 가격지수는 전월 대비 0.3% 오르고, 전년 대비로는 3.7% 상승했다. 미국 연준이 제시한 목표치인 2%와는 거리가 있지만, 3%대로 진정되면 연내 추가 긴축에 대한 우려도 가라앉을 수 있다.

즉, 미국의 PCE 가격지수와 유로존 CPI의 상승세가 둔화하는 가운데 긴축이 끝났다는 평이 나오는 상황이다. 근원 PCE가 예상치에서 크게 벗어나지 않으면서 향후 물가 상승 우려는 제한될 전망

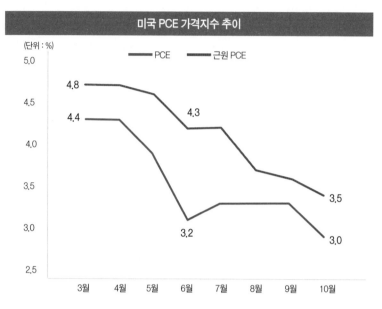

미국 PCE 가격지수 추이

(단위 : %)

PCE   근원 PCE

출처 : 미국 상무부

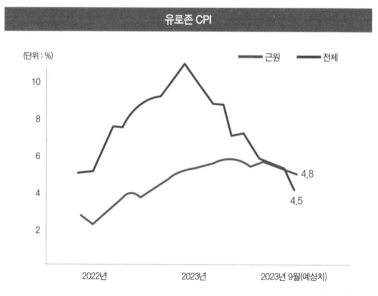

유로존 CPI

(단위 : %)

근원   전체

출처 : 블룸버그

이다. 근원 물가가 지속해서 둔화하고 있다는 점은 미국 연준의 긴축이 작동하고 있음을 시사하고 연준의 금리 인상이 막바지에 다다랐다는 기대를 높일 수 있다.

최근 발표된 11월 PCE 가격지수는 작년 같은 달보다 2.6% 상승한 것으로 나타나면서 2021년 2월 이후 2년 9개월 만에 가장 낮은 수치를 보여주었다.

| 2024년 금리 인하의 기대감으로 주가는 상승할 것이다 |

제롬 파월 의장은 2023년 9월 20일 FOMC 회의 후 "인플레이션을 지속해 2% 수준으로 낮추기까지 가야 할 길이 멀다"라며 긴축 장기화 가능성을 시사했다.

하지만 반전이 일어났다. 10년물 국채금리가 계속 오르면서 미국 연준이 해야 할 고금리 지속화를 대신 해주자 11월 FOMC 정례회의에서 기준금리의 동결 결정을 내렸다. 현재 미국 기준금리는 5.5%를 계속 유지하고 있다.

이로 인해 시장에서는 고금리 장기화 우려감이 사라지며 글로벌 증시는 반등하고 있다. 아예 시장은 2024년에 금리 하락까지 예상하고 있다.

11월 FOMC 회의에서 금리 동결 배경은 역시나 물가 여건의 호

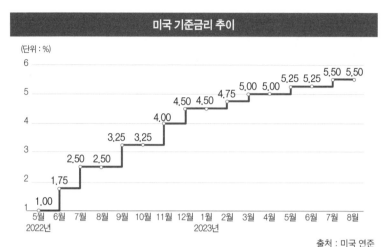

미국 기준금리 추이

(단위 : %)

출처 : 미국 연준

전이다. PCE 가격지수가 전년 동기 대비 3.7%를 기록하면서 둔화세를 이어갔고, 최근 미국 국채금리의 고공 행진 덕에 추가 금리 인상의 필요성도 줄었다. 실제로 제롬 파월 의장은 "최근 몇 달 동안 장기 채권 금리가 급등해 금융 여건이 긴축됐다"고 말했다.

하지만 추가 금리 인상 가능성은 여전하다. 점도표에서 2023년 말 금리 예상치는 5.6%다. 한 차례 추가 금리 인상이 가능하다는 이야기다. 즉, 11월은 금리 동결을 결정했지만 높은 금리 수준을 유지해야 한다는 미국 연준 내 시각은 한풀 꺾인 것은 아니고 물가나 고용지표를 보고 다시 결정할 계획이 있을 수 있으므로 이 점 역시 주의할 부분이다.

시장의 방향을 돌려세우려면 인플레이션 둔화와 미국 연준의 방향 전환이 필요하다. 주식 시장이 더 오르려면 금리가 하락할 필요가 있으며, 미국 연준이 이를 위해 매파적 입장에서 비둘기파적으로 방향을 전환할 필요가 있다. 향후 PCE 가격지수나 다른 인플레이션 지표들이 중요하다. 앞으로 주목해야 할 지표는 미국 국채 10년물 금리와 기준금리 전망치다.

2023년 11월 FOMC 회의에서는 기준금리를 5.25~5.5%로 동결하면서 2회 연속 동결했다. 이에 따라 시장에서는 미국 연준의 금리 인상 기조가 종결됐다는 평가가 높아지고 있다. 2024년 하반기에는 금리를 인하할 것으로 전망하는 사람이 많다.

근원 CPI 상승률의 둔화세가 지속된다면 연준은 2024년에 금리 인상은 더는 불필요하다는 결론을 내릴 것이다. 그러나 물가나 고용 등의 지표가 미국 연준이 원하는 대로 지속적으로 하향하고 경기 침체가 우려된다면 2024년 하반기에는 금리 인하 이야기도 나올 수 있다.

미국 연준의 금리 인상은 대출 금리를 끌어올려 주택과 자동차 등에 대한 수요를 줄이고, 경제 성장세를 둔화시켜 인플레이션 압력을 낮추기 위해서인데 대출 금리의 벤치마크인 10년물 국채금리가 올라간다면 굳이 연방기금 금리를 더 올릴 필요가 없기 때문이다.

앞으로 고용과 더불어 미국 연준의 통화 정책에 밀접한 영향을 주는 물가지표에 관심도 높아질 전망이다. 2024년 상반기는 고금리 기조가 이어질 것으로 예상한다.

2024년 하반기에는 물가 상승의 둔화로 금리 인하 가능성의 기대를 보고 대응하는 전략이다. 4분기 GDP 성장률 전망치는 2.3%로 기존 3분기 전망치인 5.4%보다 크게 낮아진 상태다. 그만큼 최근 발표되는 경제지표가 하반기 성장률 둔화를 시사하고 있다는 의미다.

2024년 주식 시장은 상저하고의 흐름을 예상하고 전략을 취해야 할 때다. 전문가들은 현재와 같은 고금리 환경이라면 인플레이션이 하반기에 빠르게 둔화해 2025년에는 침체 위험이 커질 수 있다고 경고하고 있다.

고금리 환경으로 경제가 2025년 상반기에 빠르게 둔화한다면 시장의 예상대로 금리 인하 시기가 빨라질 가능성이 있으며 그에 따라 지수의 상승이 나올 것이다.

금리가 계속 오르는 점도 밸류에이션에 부담을 주고 있지만 2023년 10월 말 현재 나스닥의 12개월 선행 주가수익비율[P/E]은 18배로 2023년 초까지 하락한 상태이므로 2024년에는 금리 인하에 따른 저평가 매력으로 다시 상승할 가능성이 크다.

| 2024년 미국 빅테크 핵심 4종목 |

(1) 마이크로소프트(MSFT)

마이크로소프트[MS] 주가는 2023년 7월 2분기 실적을 발표한 이후 단기 조정이 지속되면서 2023년 9월 말 309달러까지 하락했다. 309달러까지 하락 시 다시 고점 대비 −15% 하락한 가격이었는데 그때가 매수 관점이었다. 310달러는 실적 대비 주가가 저평가된 가격이다.

9월 말 현재 주가 310달러는 마이크로소프트의 12개월 선행 PER은 29배로 최고점(35.1배)보다 한참 낮은 수준이다. 목표 주가는 420달러다. 향후 다시 나스닥이 조정이 나오면 가장 먼저 매수해야 하는 종목이 MS다.

이후 미국 증시가 11월 초 랠리 하자 미국의 대표 기술주인 MS가 사상 최고치를 기록했다. 11월 10일 장중 기준으로 370달러까지 상승하면서 시총도 2조 7,470억 달러로 늘었다. 이는 시총 1위인 애플과 비슷한 규모다. 11월 10일 현재 애플의 시총은 2조 8,990억 달러이니 애플과 시총 차이가 1,520억 달러에 불과하다.

2024년 대표적인 실적 기대주가 마이크로소프트(MSFT)다. MS는 생성형 AI 특수에 힘입어 최근 연일 랠리하고 있다. 챗GPT를 필두로 클라우드 경쟁력이 강화되고 PC 시장이 안정적인 가운데 클라우드 플랫폼 '애저Azure'의 성과 등에 힘입어 매출 성장을 가속화할 것으로 예상한다.

9월 초 나스닥 하락 시에도 다른 종목에 대비해 상대적으로 크게 하락하지 않는 종목이다. 안정적인 흐름을 보여주고 있으므로 미국 종목을 원하는 투자자라면 매우 적합한 종목이라 할 수 있겠다.

(2) 셰브론(CVX)

유가 상승의 대표적인 수혜주는 에너지주인데 그중 대표적인 종목이 셰브론이다. 에너지주의 모든 강점을 갖췄으면서 강력한 주주환원 정책까지 펼치고 있다는 점이 매력적이다. 특히 에너지주는 금리 상승의 영향을 크게 받지 않는다는 점에서도 매력적이다.

2024년 국제 유가가 상승한다면 에너지주가 혜택을 입을 것으로 예상한다. 2023년 10월 28일 국제 유가 3대 원유 가운데 하나인 브렌트유는 배럴당 85.5달러에 거래를 마쳤다. 일각에서는 이스라엘-팔레스타인 전쟁이 확대되면 국제 유가가 배럴당 150달러 수준까지 달할 수 있다는 전망도 나온다.

미국 최대 셰일유 생산 기업 중 하나인 콘티넨털리소시스Continental Resources의 더그 롤러 CEO는 "신규 시추를 하지 않는 한 배럴당 120~150달러 수준의 국제 유가를 보게 될 것"이라고 말했다.

셰브론은 국제 유가의 등락이 현금 흐름에 직접 영향을 끼치는 수익 구조이며, 유가가 상승할 시 주목해야 하는 기업이다. 또 셰브론은 든든한 현금을 바탕으로 높은 배당을 유지하고 있다. 국제 에너지 가격이 크게 하락하지 않는다면 연 6~7% 수준의 주주 환원 정책이 기대된다.

나스닥 하락으로 셰브론은 2023년 10월 27일 현재 144달러까지 급락 중이다. 거의 1년 반 전인 2022년 7월 15일 저점인 132달러까지 하락하면 적극적 매수 관점으로 중기적으로도 볼 수 있는 종목이다.

(3) AMD

넥스트 엔비디아는 바로 AMD이다. AMD는 MS의 오랜 고객사다. MS는 오래전부터 AMD로부터 반도체를 공급받고 있다. 특히 MS는 AMD와 협력해 생성형 AI 맞춤형 반도체를 개발하고 있다. AMD의 그래픽카드가 앞으로 몇 년간 점점 더 중요해질 것이다. 최근에는 마이크로소프트와 맞춤형 AI 반도체 개발에 대한 기대감으로 상승 중이다.

또 엔비디아가 지배하고 있는 AI 분야에서 AMD의 입지가 강화되고 있다. 반도체 기업들은 2022년 11월 오픈AI가 선보인 생성형 AI 이후 거대언어모델LLM과 이미지 처리 등에 특화한 기술 개발에 투자를 확대하고 있다.

AMD는 엔비디아에 뺏긴 서버 등 점유율을 회복하기 위해 2023년 6월 고객사를 대상으로 MI300X로 불리는 칩의 샘플링 작업에 돌입했다. MI300X는 AI 학습을 위한 GPU로 마이크로소프트 등 협력 기업에 맞춤형으로 설계해 제공할 것으로 알려졌다.

AMD는 보다 매력적인 GPU 제품을 만들고 있으며 시장에서 중요도가 높아질 것으로 추정된다. AMD는 마이크로소프트 애저 서버용 반도체와 컴퓨터, 게임 콘솔인 엑스박스 구동칩을 제공하는 등 오랜 파트너로 협력을 이어오고 있다.

AMD의 2023년 3분기 매출액은 58억 달러, 영업이익은 12.8억 달러로 각각 컨센서스 57억 달러와 12.7억 달러를 상회하는 실적을 발표하면서 당일 9% 급등했다. 매출 총이익률은 51%로 역시 컨센서스를 상회했다. 클라이언트Client와 데이터센터Datacenter 쪽은 좋았지만, 게이밍Gaming과 임베디드Embedded는 좋지 않았다는 평가다.

데이터센터 매출은 전년 동기와 동일했지만, 전 분기 대비는 21% 늘었다. 경쟁사인 인텔의 데이터센터 매출이 전 분기 대비, 전년 대비 10%씩 감소한 것과 상반된다. AMD는 데이터센터뿐 아니라 OEM 고객향으로도 매출이 늘었고, 서버 시장 내 CPU 점유율 확장을 계속하고 있는 것으로 추정된다.

주가는 2023년 11월 10일 현재 118달러로 마감했다. 이는 2023년 6월 13일 132달러의 고점을 찍고 −28% 하락하고 반등 중이다. MS가 신고가를 돌파하는 시점이므로 엔비디아도 전고점 돌파를 향후 시도할 것으로 보인다. 나스닥 상승과 금리 하락 시 MS와 함께 최고 수혜주로 다시 등극할 가능성이 크다.

(4) 테슬라

테슬라 주가는 2023년 10월 31일 장중 194달러까지 하락하면서 5월 26일 이후 5개월 만에 처음으로 200달러가 깨졌다. 하지만 200달러를 이탈하자마자 저가 매수가 들어오면서 11월 10일 현재 214달러까지 반등 중이다.

테슬라가 장중 194달러까지 하락한 이유는 3분기 매출액과 순이익이 기대치 이하였고, 전 세계적으로 2024년에 전기차 수요 부진이 예상되고, 테슬라 전기차에 배터리를 공급하는 일본 파나소닉과 전기차용 반도체를 생산하는 온세미컨덕터ON Semiconductor 역시 실망스러운 실적 예상치를 발표했기 때문이다.

하지만 여전히 상승 모멘텀도 많다. 첫째, 11월 30일에 출시되는 사이버 트럭이 시장에서 이슈가 될 수 있다. 둘째, 4분기 실적 발표 때 2024년 연간 생산량 목표치를 어느 정도로 제시할 것인가가 중요하고, 2023년 생산량 목표치인 180대라는 목표치를 달성했으면 주가는 다시 상승을 턴할 수 있다. 셋째, 완전자율주행FSD 소프트웨어의 매출이다. 테슬라에 가장 중요한 어플리케이션은 현재 한 달에 199달러에 판매하고 있는 FSD이다. 테슬라는 FSD를 말 그대로 운전자의 개입이 전혀 필요 없는 완벽한 자율주행 소프트웨어로 만들어 로보택시를 선보이는 것을 목표로 삼고 있다.

이 FSD의 성공 여부에 따라 테슬라의 주가가 중기적으로 대세 상승이냐, 대세 하락이 결정될 수 있다. 즉, GM이나 포드 같은 자동차회사로만 머문다면 자동차 사업 가치는 도요타와 비슷한 PER을 적용할 때 겨우 주당 84달러에 불과하다.

테슬라가 애플처럼 장기적으로 꾸준히 성장하려면 소프트웨어 매출이 성장해야 한다. 테슬라가 스마트폰 세상을 지배하는 애플 같은 플랫폼 기업으로 성장한다면 380달러까지 상승할 수 있다.

| 2024년 우리나라 증시 예상과
핵심 섹터 |

2023년 11월 FOMC 이후 미국 연준의 금리 인상이 종료됐다는 안도감에 2024년에는 점진적인 상승 흐름을 이어갈 것이다. 금리 인상 사이클 종료에 관한 기대가 한층 커지면서 국내 지수도 다시 상승할 가능성이 크다. 2024년 하반기에는 아예 금리 인하 이야기도 나오면서 큰 상승 흐름을 예상할 수 있다.

2023년 코스피 지수는 미국 발* 긴축 장기화와 이스라엘-팔레스타인 전쟁 등 잇따른 악재에 2,273까지 하락한 후 2023년 11월 3일 현재 2,368까지 상승했다. 변동성이 커진 시장이지만 2023년 하락의 주요 원인인 이스라엘-팔레스타인 전쟁과 미국의 국채금리가 잠잠해지면 2,300을 다시 이탈하는 경우는 없을 것이다.

코스피 2,300 이하는 언더슈팅(과도한 하락) 구간에 있어 작은 호재에도 언제든 급상승 가능성이 크다. 역사적으로 봤을 때 2,300 이하는 PBR이 0.8배까지 하락하는 지점이므로 적극적인 매수가 필요한 지수대다.

2024년 코스피 예상 밴드는 2,300~2,800포인트다. 상승 요인은 삼성전자를 비롯한 반도체 업황 개선, 미국 장기 국채금리 하향, 국내 기업들의 수출 회복 등이 관건이 될 것이다. 기업의 실적에 대한 기대감은 반도체를 중심으로 나타날 것이다.

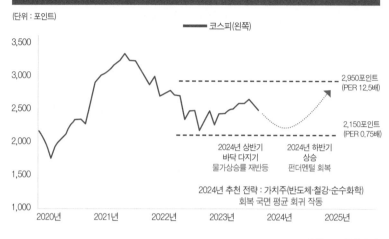

코스피 12개월 선행 PBR 추이

(단위 : 포인트)

━━ 코스피(왼쪽)

2,950포인트
(PER 12.5배)

2,150포인트
(PER 0.75배)

2024년 상반기
바닥 다지기
물가상승률 재반등

2024년 하반기
상승
펀더멘털 회복

2024년 추천 전략 : 가치주(반도체·철강·순수화학)
회복 국면 평균 회귀 작동

출처 : DB금융투자

하락 요인은 글로벌 경기 둔화 우려, 미국 2024년 대통령 선거, 중동 지정학적 리스크, 중국 부동산 기업의 연이은 파산 등이 주요 요인이 될 것이다. 핵심 섹터는 반도체·로봇·방산 등 실적이 서프라이즈로 나올 업종과 자동차·은행 등 양호한 수익성을 기대할 수 있는 업종에 주목하자.

업종별로는 2024년 하반기에 경기 호전이 기대된다는 점에서 실적에 기반한 정보기술^{IT} 수요가 증가할 것으로 예상한다. 경기가 예상대로 긍정적으로 진행된다면 경기에 민감한 수출 증가 종목들을 중심으로 투자하는 것이 좋다. 특히 반도체, 자동차·화학, 기계 업종의 수출 증가율을 주목하자.

삼성전자, SK하이닉스, 한미반도체를 대장주로 하는 반도체 섹터의 상승이 예상된다. 특히 MS, 알파벳 등 미국 빅테크 회사들의 AI 투자 경쟁에서 직접적으로 수혜주가 될 것이다.

반도체는 업황의 수요 증가로 인한 실적 호전, 자동차는 실적에 비해 현저한 저평가, 화학주는 중장기 턴어라운드, 로봇과 AI 등 신성장 관련 업종은 실적 개선이 투자 포인트다. 2차 전지는 최근 전기차 수요가 줄어들고 테슬라의 중국 판매량이 감소함에 따라 다시 상승 반등하기에는 시간이 필요한 업종이다.

제약·바이오 업종도 주목할 만하다. 비만치료제를 개발하는 기업이 2023년 전 세계 주식 시장을 강타하면서 덴마크 노보노디스크와 미국 일아이릴리 등의 종목들이 50% 폭등했다. 이런 비만치료제 등 시장이 재편되는 과정에서 국내 제약·바이오 종목들도 임상 진행 여부에 따라서 수혜를 받을 수도 있다.

2023년에 AI 섹터들이 급등하면서 의료AI 종목들도 큰 시세가 났는데 역시 중기적으로 다시 한번 상승할 수 있는 섹터이니 꾸준히 지켜볼 필요가 있다. 여행·항공·화장품 등 중국 소비재 테마주들은 중국의 경기 개선에 달렸다고 할 수 있다. 최근 중국 당국이 재정 정책을 확대함에 따라 2024년에는 실적 개선도 기대된다.

코로나19 이후 중국인들의 우리나라 단체관광이 6년 만에 재개되면서 면세점과 카지노 등 여행 관련 분야의 수혜가 기대된다. 하지만 중소형 화장품주들은 중국 외에서 매출 증가율이 꾸준히 늘어나고 있어 틈새 섹터로 관심을 가져볼 만하다.

2024년 로봇의 시대, 대기업의 로봇 투자는 계속된다

| 2024년 최고의 성장 섹터는 로봇 섹터 |

2023년 상반기는 로봇주의 주가 상승세가 두드러졌고, 하반기에는 큰 조정이 나왔는데 다시 2024년에는 상승이 가능할 것이다. 로봇 섹터는 대기업이 꾸준히 투자하는 분야이고 지속적인 성장이 담보되는 섹터이기 때문이다.

삼성이 투자한 레인보우로보틱스, 협동 로봇의 선두주자 뉴로메카, 감속기 분야의 핵심 종목인 에스비비테크, 2023년에 상장된 두산로보틱스 등은 실체가 있는 실적 성장주이므로 로봇 섹터들은 2024년에도 유망하다고 볼 수 있다.

국내 주요 로봇 기업들은 단순한 협동 로봇보다는 자율주행 기반인 모바일 로봇 개발을 위해 대대적인 투자와 연구 개발 등을 진행하고 있다. 특히 HD현대로보틱스, 두산로보틱스, 한화로보틱스 등 대기업이 모바일 로봇에 대한 청사진을 갖고, 일반적이고 단순한 로봇 사업에서 AI 등 IT 분야로 영역을 넓히고 있다.

상장하지는 않았지만, 산업용 로봇 1위 기업인 HD현대로보틱스는 최근 주행 중 진동에도 음식이 흔들리지 않는 모바일 로봇 특허를 등록했다. 굴곡과 장애물이 있는 아파트 단지나 주택가 골목에서 자율주행 로봇이 음식을 온전하게 배달하기 위한 기술이다. 로봇 본체와 음식을 놓는 선반 사이에 진동을 흡수하는 부자재를 써서 진동을 음식에 전달되지 않게 하는 식이다.

한마디로 말해 이 모바일 로봇은 일반 도로를 자율주행하며 음식을 배달할 수 있고 정해진 목적지에 물건을 배달하는 로봇도 되는 등 다양한 분야에 적용할 수 있다.

2023년 10월에 출범한 한화로보틱스도 협동 로봇과 무인 운반 차량 사업에 대한 시너지를 내서 2026년에는 자율주행에 기반한 건물관리 로봇, 전기차 충전 로봇 등을 시장에 내놓는다는 목표를 세웠다.

협동 로봇이 공정 자동화 등 생산 중심 로봇이었다면 모바일 로봇은 이에 더해 배달과 서빙 같은 소비 시장까지 확대할 수 있다는 장점이 있다. 협동 로봇 분야는 독일이나 일본처럼 정밀 기술 분야가 우수한 국가들이 산업을 선도했지만, 모바일 로봇은 비전과 AI와 같이 우리나라가 상대적으로 강점이 있는 소프트웨어 기술이 중요해 주요 기업들도 팔을 걷어붙이고 시장 선점에 나서고 있다.

▌2024년 로봇 섹터 핵심 2종목 ▌

(1) 두산로보틱스(454910)

국내 협동 로봇 1위 두산로보틱스는 2015년 7월 설립된 협동 로봇 제조업체로 10월 5일 상장했다. 최대 주주는 두산 외 1명(68.2%)이다. 지분 구조는 두산 90.91%, 프랙시스캐피탈 6.82%, 한국투자파트너스 2.27%다.

두산로보틱스는 2023년 9월 21일부터 이틀긴 진행한 일반 투자자 청약에서 33조 원의 증거금을 끌어모으며 흥행에 성공했다. 공모가는 희망 범위 상단인 2만 6,000원이다. 상장 후 시가총액은 1조 6,853억 원이었다.

두산로보틱스는 상장 당일 6만 7,600원까지 급등해 이후 시장의 하락으로 3만 2,150원까지 무려 -52% 급락한 후 반등해 11월 3일 현재 4만 4,800원에서 거래되고 있다.

두산로보틱스도 협동 로봇 다음 단계로 모바일 로봇을 낙점했다. 자율주행 기반의 모바일 로봇 시장 진입을 단기적인 목표로 설정하고 공모 자금 중 일부를 자율주행 로봇 기업 인수에 쓴다는 계획이다. 삼성이 투자한 경쟁사인 레인보우로보틱스가 2023년에 주가가 388% 오르는 등 로봇주에 대한 투자 심리가 그 어느 때보다 꽤 긍정적이어서 두산로보틱스도 수혜가 기대된다.

로봇 대장주인 레인보우로보틱스의 시가총액은 2023년 11월 3일 현재 2조 9,000억 원 수준인데 두산로보틱스도 2023년 11월 3일 현재 시총이 2조 9,000억 원으로 거의 비슷하다.

하지만 두산로보틱스가 레인보우로보틱스보다 매출 규모가 3배 가량 더 크다는 점을 감안하면 저평가됐다고 할 수 있으며 향후 로

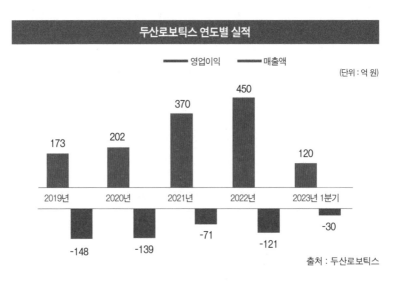

출처 : 두산로보틱스

봇주의 대장주로 등극할 가능성이 크다. 12월 22일 현재 두산로보틱스는 12만 원을 돌파하면서 시총 7조 원을 넘어섰다.

(2) 에스피지(058610)

에스피지는 AC/DC 모터, BLDC 모터, 감속기, 콘덴서/컨트롤러 등 산업용과 가정용에 널리 쓰이는 모터·감속기를 개발·제조하는 정밀 제어용 모터와 감속기 부품 전문 기업이다.

주요 고객사로 세메스, LG에너지솔루션, SK온, 삼성디스플레이, LG디스플레이 등을 두고 있다. 해외 매출 비중이 76%(2022년 기준)에 달하며, 해외 25개국에 75개 대리점을 구축하고 있는 회사다.

기어드모터 전문 기업으로 최근 산업용 로봇 수요 증가에 따른 정밀 감속기 매출이 확대돼 2023년에 사상 최대 실적이 예상된다. 에스피지는 다양한 로봇의 관절 부위에 적용되는 정밀 감속기를 국내에서 유일하게 개발했다.

정밀 감속기는 주로 협동 로봇과 같이 고정밀도를 요구하는 제품에 특화된 제품이다. 로봇의 관절마다 활용돼 힘과 정밀 제어에서 중요한 역할을 하는 핵심 부품으로 꼽히고 있다.

에스피지는 소형 로봇과 2차 전지 등 공정 라인에 적용되는 고정밀 하모닉 감속기 수요가 증가하면서 생산 능력을 기존 10만 대에서 2023년 하반기까지 15만 대로 확대할 예정이다. 산업용 로봇에 적용되는 중대형 고정밀 감속기는 국내 반도체와 자동차 라인에서

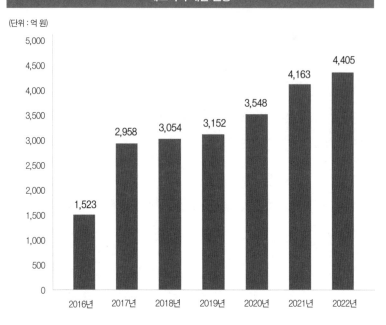

(단위 : 억 원)

출처 : 에스피지

사용하고 있으며, 최근에는 제품을 현대차의 미국 전기차 전용 공장에 추가 공급했다.

다양한 산업에서 로봇 수요가 증가함에 따라 에스피지의 매출도 위의 그림처럼 매년 성장세를 나타내고 있다. 2023년 사상 최대 매출이 전망되고 있으며 2024년 에스피지의 매출액은 전년 대비 4% 증가한 4,497억 원, 영업이익은 7% 성장한 292억 원을 기록할 것으로 전망된다.

2024년 반도체 섹터 실적 호전주를 주목하자

| 2024년 반도체 섹터
핵심 7종목 |

(1) 이수페타시스(007660)

1972년에 설립된 회사로 1988년 인쇄회로기판[PCB] 사업에 뛰어들었다. 한마디로 PCB 전문 제조업체다. 통신, 네트워크, 휴대전화 등의 장비에 이용하는 PCB를 주로 생산한다.

하지만 평균 30~40%에 달하는 높은 불량률에 고전하면서 1996년 자본 잠식 상태에 빠졌다.

이수그룹에 인수된 이후부터 불량률을 급격히 낮췄고 미국 시스코에 납품하면서 알짜 회사로 탈바꿈됐다. 여기에 미·중 갈등으로 미국 기업들이 점차 기존 중국 업체 대신 이수페타시스로 주문을 돌리면서 실적이 급성장하기 시작했다.

2023년 상반기 GPU 전문 기업 엔비디아가 생성형 AI 열풍을 주도하면서 엔비디아에 고다층 메인보드기판^{MLB}을 납품하고 있는 이수페타시스가 수혜주로 각광받았다.

미·중 갈등도 심화하면서 미국 빅테크 기업들이 중국 업체 대신 이수페타시스에 발주를 늘리면서 주가는 2022년 말 기준으로 2023년에 무려 669%가 상승했다. 코스피 상장 종목 가운데 2023년 상반기 주가 상승률 1위였다

이수페타시스는 엔비디아, 구글, MS 등에 MLB를 납품하고 있다. MLB는 PCB를 여러 개 쌓아 올린 제품으로 층수가 많을수록 많은 양의 데이터를 빠르게 처리할 수 있어 AI용 서버에 장착되는 GPU에 쓰인다. AI용 서버에는 일반 서버 대비 5~6배에 달하는 반도체가 필요하므로 AI 열풍이 거셀수록 MLB 수요도 급증하는 구조라고 할 수 있다.

이수페타시스는 2023년 상반기 엔비디아의 최고 수혜주로 떠오른 종목이다. 엔비디아의 주가 흐름과 거의 유사하게 움직이는 종목이므로 엔비디아의 주가 흐름을 관찰하면 이수페타시스의 주가 흐름도 보인다.

2023년 하반기에 엔비디아의 하락으로 다시 최근 크게 급락하면서 10월 20일 현재 2만 2,600원으로 고점에서 -47% 하락한 상태이지만 2024년에는 엔비디아의 상승으로 다시 큰 상승이 예상되는 종목이다. 2023년 매출 6,428억 원, 영업이익 1,166억 원을 냈는데 이는 전년 대비 매출은 36%, 영업이익은 148% 급증한 것이다.

(2) 피에스케이홀딩스(031980)

반도체 장비 산업 분야 가운데 패키징 장비 부문을 주력으로 하고 있다. 디스컴Descum 장비와 리플로우Reflow 장비가 주력 제품이다. 기존 피에스케이가 반도체 전공정 장비 사업 부문을 인적 분할하면서 변경 상장된 업체다.

피에스케이홀딩스는 반도체 후공정 장비 사업을 주요 사업으로 영위하며 반도체 후공정 패키징, 반도체 접합에 필요한 매스 리플로우(레이저 대신 열과 압력을 활용) 장비를 제조·공급하는 회사다.

리플로우 장비는 HBM 공정에 쓰일 수 있다는 점에서 피에스케이홀딩스는 대표적인 HBM 수혜주로 꼽힌다.

반도체 전공정 장비 전문 자회사 피에스케이를 보유하고 있는 만큼 피에스케이홀딩스 투자 시 반도체 전공정과 후공정 모두 수혜를 받을 수 있다. 국내외 파운드리와 OSAT를 고객사로 안정적으로 확보한 것도 장점이다.

피에스케이홀딩스의 주가는 고객사 다변화와 후공정 업체들의 투자 사이클이 겹쳐서 2024년에 본업이 빠르게 턴어라운드를 할 것으로 전망된다. 자회사 피에스케이와 마찬가지로 삼성전자, SK하이닉스에 그치지 않고 TSMC와 인텔을 비롯한 다양한 글로벌 고객사를 확보하고 있다.

(3) 두산테스나(131970)

두산테스나는 시스템 반도체 테스트 전문 업체다. SoC^System on Chip, CIS^CMOS Image Sensor, MCU^Micro Controller Unit, 스마트카드^Smartcard IC 반도체 테스트를 주요 사업 영역으로 영위하는 회사이며 주요 매출처는 삼성전자와 SK하이닉스이다.

CMOS 이미지센서^CIS 가동률이 2023년 4분기에도 성장할 것이라는 등 증권가의 긍정적인 전망이 주가를 견인했다.

두산테스나의 2023년 실적은 2022년 대비 개선되었고, CIS 가동률이 2분기 대비 성장했으며, 4분기에도 이어질 것으로 전망했다. 2023년 2분기 50%를 소폭 웃도는 수준이던 CIS 가동률은 3분기들어 전년 수준인 70%까지 상승한 것으로 나타났다. SoC 부문 가동률 또한 약 70% 수준으로 전 분기 대비 지속적인 상승 추세를 보이는 것으로 예상한다.

3분기 가동률 대비 4분기 가동률은 더욱 성장할 것으로 예상하며, S사 플래그십 AP 칩의 복귀와 고화소 CIS 탑재가 4분기 성장을 강하게 견인할 것으로 예상한다.

⑷ 한미반도체(042700)

반도체 자동화 장비의 제조와 판매업 등을 영위할 목적으로 설립됐으며 반도체 제조용 장비를 자체적으로 개발, 국내외 반도체 관련 제조업체에 공급 중인 회사다. 주력 제품은 비전 플레이스먼트 VISION PLACEMENT다.

최근에는 SK하이닉스가 '반도체 해빙기'에 선제 대응하고 HBM 등 최첨단 반도체 시장에서 주도권을 유지하기 위해서 2024년 설비 투자로 2023년보다 약 50% 늘어난 규모로 10조 원가량을 집행할 예정이다. 이를 통해 SK하이닉스는 AI용 HBM 반도체 설비 증설에 집중할 계획이다.

HBM의 핵심 제작 기술인 TSV 공정과 DDR5, LPDDR5 등 고부가가치 D램 설비에도 자금을 투입해 탄탄한 생산 체력을 만들어 '반도체 해빙기'에 대응한다는 방침인 것으로 알려졌다.

이런 뉴스로 한미반도체가 상승하고 있는데 한미반도체는 최근 반도체 랠리의 1등주이면서 대장주다. 2023년 무려 490%나 상승하는 중이다. 한미반도체는 우리나라 반도체 장비 업체 가운데 AI 서버, HBM 성장의 최대 수혜주가 틀림없다. 2023년에 극히 부진한 실적도 2024년에는 TC 본더 부문의 매출 증가에 따라 크게 개선될 전망이다.

하지만 11월 10일 실적을 발표하면서 시간 외에서 하한가를 기록하며 주가가 출렁이는 중이다. 한미반도체는 3분기 연결 기준 잠정 영업이익이 29억 300만 원으로 전년 동기 321억 9,600만 원 대비 90.9% 감소했다. 같은 기간 매출액은 311억 9,900만 원으로 전년 동기 803억 1,300만 원 대비 61.1% 감소했다. 당기순이익은 146억 6,800만 원으로 전년 동기 386억 9,900만 원 대비 62.1% 감소했다. 하지만 반도체의 대장주이니 적절한 눌림목에서 다시 주가가 반등할 것으로 보인다.

(5) 하나마이크론(067310)

하나마이크론은 삼성전자 반도체 부문에서 분사한 반도체(메모리/비메모리) 패키징 전문 업체다. 반도체 산업의 후공정 분야인 반도체 조립과 테스트 제품을 주력으로 생산하고 있다.

하나마이크론은 삼성전자, SK하이닉스 등이 주요 거래처다. 반도체 재료(반도체 식각 장비의 실리콘 파츠 등) 업체 하나머티리얼즈를 종속회사로 보유하고 있다. 11월 10일 현재의 주가는 2023년 반도체 랠리 속에 271%나 상승하는 중에 3만 3,200원으로 마감했다.

하나머티리얼즈의 부진 속에서도 실적 성장 기대감과 HBM 설비투자 집중에 따른 OSAT 역할이 부각되고 있다. 또 메모리 업체들의 가동률은 4Q23을 저점으로 점차 회복될 것으로 예상한다.

글로벌 OSAT 대비 국내 OSAT의 기술력은 아직까지도 크게 뒤처져 있으므로 어드밴스드 패키지에 대한 기대감을 주가에 반영하기에는 어려울 것이나 메모리 제조업체들의 HBM 설비투자 집중에 따른 외주화 증가의 흐름은 유효하며 한미반도체와 함께 업종 내 톱픽을 유지하고 있다.

(6) 에스티아이(039440)

에스티아이는 반도체와 디스플레이용 관련 장비 제조·판매 업체다. 주요 제품으로는 반도체와 디스플레이용 중앙 약품 공급 시스템^{CCSS}, 웻 시스템$^{Wet System}$(세정, 식각, 현상 시스템) 등이다.

TFT-LCD용 식각기$^{Glass Etching System}$(TFT-LCD용 글래스 슬림화에 사용)를 개발한 에스티아이는 2005년부터 개발에 착수해 확보한 잉크젯 프린터 기술을 응용한 산업용 잉크젯 프린터, 3D프린터 등을 개발 완료했다. 최대 주주는 성도이엔지(27.07%)다.

에스티아이는 기존 장비인 CCSS의 실적 안정화와 신규 장비인 HBM용 리플로우 장비 수주 확대 등을 통해 2024년에도 성장이 전망된다. 어려운 업황에도 투자가 집중될 것으로 보이는 HBM용 장비를 수주했다는 점과 신규 장비 개발을 통해 전방 시장을 확대하고 있다는 점에 밸류에이션 프리미엄 부여가 가능하다.

리플로우 장비 외에 세정 장비와 '플립칩 볼그리드 어레이$^{FC-BGA}$' 현상기의 성장성도 주목할 필요가 있다.

2023년 상승률은 214%에 달하며 11월 10일 현재 3만 4,600원에 종가 마감됐다.

(7) 주성엔지니어링(036930)

반도체 랠리 속에 2023년 225%나 상승한 종목으로 11월 10일 종가는 3만 2,700원에 마감됐다. 반도체 전공정 장비, 디스플레이 장비(LED와 OLED 장비), 태양 전지 장비 등을 개발·생산·판매하는 업체다.

주요 제품으로는 반도체 제조 장비인 SD CVD(CVD & ALD), 고밀도 플라즈마 CVD$^{HDP\ CVD}$, 건식 식각$^{Dry\ Etch}$과 디스플레이 제조 장비인 플라즈마 강화 화학 기상 증착$^{PE\ CVD}$, 시공간 분할 플라즈마 CVD$^{TSD-CVD}$, 태양 전지 제조 장비인 고효율 태양 전지 장비^{HJT} 등이다. 반도체 장비 부문이 대부분의 매출을 차지한다

3분기 실적은 매출액 861억 원(+172% QoQ, −18% YoY), 영업이익 61.8억 원(흑자 전환 QoQ, −80% YoY)을 기록하며 컨센서스 매출액 802억 원과 영업이익 52억 원을 각각 7%, 19% 상회했다고 밝혔다. 이 중 태양광 매출이 절반 이상을 차지했다.

반도체 장비 매출은 국내외 모두 발생했는데 메모리 반도체 업황 부진으로 수주가 급감했던 국내 고객사로부터 신규 장비 매출이 발생하기 시작했다. 아울러 4분기부터 본격적으로 국내외 고객향 반도체 장비 신규 수주가 증가할 것으로 전망이다.

반도체 신규 장비 매출 증가로 4분기부터 영업이익률이 크게 개선될 수 있을 것으로 추정하며, 2024년 반도체 신규 장비 매출 증가와 함께 소모성 파츠 매출 동반 성장으로 실적 변동성이 줄어들

것이다. 2024년의 장비 투자는 DRAM으로 집중될 것이며, 2023년 설비투자를 줄였던 국내 고객사의 DRAM 투자 확대로 주성엔지니어링의 직접적인 수혜가 예상된다. 그러므로 수주 잔고가 DRAM 업황 회복에 따른 투자 재개와 함께 매 분기 지속적으로 증가할 것으로 전망된다.

PART 4

바이오 슈퍼 사이클과 AI 시대

김영민

QR코드를 찍으시면 저자를 만나보실 수 있습니다.

긴축의 종료,
성장주의 시대

| 미국 연준 긴축 사이클 종료와
금리 인하 시점 |

2022년 하반기부터 시작된 금리 인상 사이클이 드디어 끝나가고 있다. 제로금리에서 5.50%(5.75%) 수준까지 가파른 긴축을 진행한 미국 연준은 이제 출구 전략을 고민하고 있다.

여전히 미국 경제는 탄탄하지만, 노동 시장 과열도 조금씩 식고 있다는 징후가 나타나고 있다. 가파른 물가 상승 역시 작년 11월 CPI가 전년 동기 대비 3.2%를 기록(2023년 11월 기준)하면서 둔화세

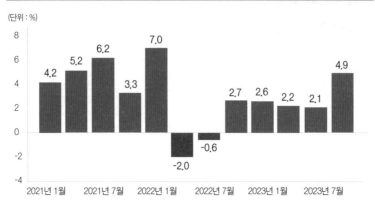

미국 GDP 추이

(단위 : %)

출처 : 트레이딩이코노믹스

가 뚜렷해지고 있다는 쪽에 힘이 실리기 시작했다. 아직 연준이 목표로 하는 2%의 물가 목표치와는 여전히 큰 차이가 있는 게 사실이다.

하지만 10년물 국채금리가 작년 한때 무려 16년래 최고치인 5%를 돌파하기도 했었다는 점을 감안하면, 이제 3.8%대까지 하락(2023년 12월 기준)한 10년물 국채금리 수준이 금리 인상으로 대변되는 긴축 사이클이 막을 내리고 있다는 점을 극명하게 보여주고 있다.

2023년 한 해 동안 미국 경제의 경착륙 우려가 시장을 지배했다. 하지만 우려했던 급격한 경기 하강은 없었고 오히려 3분기 이후 강력한 회복세를 나타냈다(위 그림을 참고하기 바란다).

2021년에 비해 확실히 성장세가 둔화된 경향이 있지만 2020년 코로나19 팬데믹 이후 기저 효과로 인해 2021년 GDP 성장률이 고평가됐다는 점을 감안하면 2023년 한 해 동안 미국 경제가 완만한 성장세를 유지했음을 알 수 있다.

특히 2023년 3분기 GDP 성장률은 4.9%를 기록할 정도로 강력한 긴축에도 불구하고 미국 경제가 여전히 뜨겁다는 것을 여실히 증명했다.

GDP 성장률 확대의 가장 큰 이유는 미국의 소비다. 고금리에 따른 차입비용이 급격하게 상승했음에도 불구하고 미국의 소비가 탄탄했던 이유는 가계 수요를 지속적으로 뒷받침하는 고용 시장의 강세 때문이다.

따라서 연준은 10월까지도 고강도의 긴축의 끈을 쉽게 놓지 못했다. 연준은 그들이 제시한 인플레이션 가이던스 2%를 명분으로 강력한 고용 시장과 소비의 연결 고리가 깨지지 않는 이상 긴축 완화 혹은 금리 인하를 단행하기가 쉽지 않을 것이라는 점을 지속직으로 피력했다.

하지만 2023년 10월 이후 연준의 기조에 조금씩 변화가 나타나기 시작했고, 12월 FOMC 회의를 통해 제롬 파월 연준 의장은 금리 인상 사이클이 끝났음을 강력하게 시사했다. 특히 2023년 12월 FOMC 종료 이후 공개된 점도표에서 연준 위원들은 2024년 한 해 동안 75bp(3회) 금리 인하를 전망하면서 시장의 금리 인하 기대감이 크게 강화됐다.

당초 2024년 하반기부터 시작될 것이라고 예상했던 '금리 인하' 사이클이 예상보다 더 빨라질 수 있는 상황으로 투자자들은 긴축 완화, 금리 인하 사이클을 적극적으로 반영한 포트폴리오 자산 배분과 트레이딩 전략을 수립할 필요가 있다.

| 급변하는 금리 상황에 적응하기 위한 조건 |

2024년 역시 가장 뜨거운 화두는 금리다. 2008년 서브프라임 모기지론 사태 이후 10년이 넘는 긴 세월 동안 저금리 구조에 적응해 온 투자자들은 2022~2023년 금리 인상기에 적잖이 당황할 수밖에 없었다. 유례없이 공격적인 금리 인상을 단행하면서 시장 유동성 축소 및 기업 실적 둔화의 우려가 시장을 포위했다.

하지만 작년 4분기 이후 긴축 종료 및 연준의 피벗 기대감이 강하게 형성되면서 특히 미국 빅테크 기업들이 승승장구했다. 애플과 마이크로소프트가 사상 최고가를 경신했고 AI 반도체 시장 개화에 대한 기대감이 IT와 산업 전반으로 확산됐다.

2024년에는 드디어 투자자들이 기다렸던 금리 인하가 단행될 것이다. 올해 첫 번째 금리 인하가 언제 진행될지는 여전히 변수가 많다. 시장은 당장 올해 3월로 기대하고 있지만, 연준 위원들은 지속

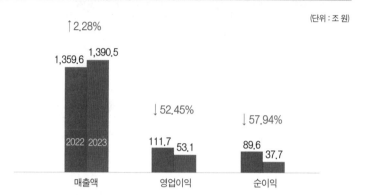

2023년 상반기 상장사 실적

(단위 : 조 원)

↑2.28%

1,359.6　1,390.5

2022　2023

↓52.45%

111.7　53.1

↓57.94%

89.6　37.7

매출액　　　영업이익　　　순이익

출처 : 한국거래소, 연합뉴스

적으로 하반기를 주장하고 있다. 여전히 물가와 고용 시장의 변수가 많고 실물 경제가 확실한 연착륙 신호를 보내주는지도 확인해야 한다.

하지만 급변하는 금리 상황에 적응하기 위한 조건은 생각보다 단순할 수 있다. 우리가 고금리 상황에 적응해야 했던 것처럼 기업들도 마찬가지이고 극한적인 상황에 대한 적응력을 높여왔다. 높아진 차입비용과 거래비용을 충분히 감당할 수 있을 정도의 안정적인 사업 포트폴리오를 보유한 기업, 유동성 축소 환경에서 살아남을 수 있는 체력을 보유한 기업들이 2023년에도 살아남았다.

따라서 2024년, 본격적인 금리 인하 사이클이 진행되는 단계에서는 이런 생존력이 강한 기업, 미래 성장 동력을 미리 확보한 기업들이 여전히 빛을 보게 될 것이다. 경기 사이클과 급변하는 금리 상황에 대한 철저한 대비를 통해 확실한 경쟁 우위, 비교 우위의 기술력을 보유한 기업의 주가가 주식 시장에서도 인정받게 될 것임은 틀림없다.

133페이지 '2023년 상반기 상장사 실적'에서 보다시피 가파른 금리 인상을 경험한 2023년 상반기에도 코스피 상장사들의 전체 매출액은 오히려 증가했다. 하지만 이들의 영업이익과 순이익은 50% 넘게 급감했다. 고금리 상황에서 같은 돈을 벌기 위해 그만큼 많은 돈을 지출해야 하고, 그리고 살아남기 위해 더 많은 비용을 지불해야 최소한의 마진이라도 남길 수 있었다는 얘기다.

이런 극한의 영업 환경에서 살아남은 기업들이 금리 인하 사이클, 세계 경제 연착륙의 구간에서도 계속해서 주목받게 될 것이다.

| 여전히 성장주인 이유 |

그렇다면 이런 급변하는 금리 환경과 경제 상황을 뛰어넘을 수 있는 기업은 한마디로 무엇으로 정의할 수 있을까? 역시 정답은 성장주다.

2023년 한 해 동안 2차 전지, 반도체, 로봇, AI 등 성장 섹터는 시장 대비 월등히 높은 상승률을 기록했다. 실적에 기반한 내재 가

치뿐 아니라 향후 성장성에 대한 탁월한 청사진을 보유한 기업들이 주식 시장에서 각광을 받았다.

고금리와 조달비용 상승이라는 한계 상황에서도 미래 가치에 대한 높은 점수를 줄 수 있는 기업들의 주가가 급등 랠리를 펼친 것이다. 고금리가 장기화되는 상황에서도 결국 주가 급등이 나올 수 있는 종목은 타의 추종을 불허하는 성장성을 보유한 기업들이다.

2023년 상반기 에코프로 그룹주는 역사적인 상승 랠리를 펼쳤다. 2차 전지 배터리의 가장 핵심 소재라 할 수 있는 하이니켈 양극재를 생산하는 기업으로 배터리셀 기업들의 공격적인 투자와 합작 회사 설립, 실적 성장에 대한 기대감으로 연초 10만 원 수준에 불과했던 주가가 단 7개월 만에 무려 15배 급등했다.

삼성전자의 지분 투자 소식이 알려지면서 급등하기 시작한 레인보우로보틱스 주가는 7배 정도 상승하는 기염을 토했다. 협동 로봇 시장 성장과 대기업의 투자 모멘텀이 다른 로봇 종목들의 주가 상승까지 촉발시켰다.

생성형 AI 열풍이 불면서 산업계에는 AI 시스템과 플랫폼을 도입하는 것이 유행처럼 번졌고 미국의 빅테크 기업들은 앞다퉈 관련 기업에 대한 인수, 투자에 여념이 없었다.

결국에 이 성장주들은 시장 확대에 대한 명확한 비전, 빅테크와 대기업의 공격적인 투자, 점유율 확대와 실적 성장으로 이어질 것이라는 확신에 힘입어 텐-배거Ten-bagger 종목들을 많이 탄생시킨 것이다.

고금리 장기화 상황에서도 당장의 이익과 현실에 안주하는 기업보다는 시대 변화와 혁신과 함께 나아가는 성장 섹터 종목군이 훨씬 더 나은 투자 성과를 안겨다 줄 것이라는 사실에는 변함이 없다.

10년에 한 번 오는 기회, 바이오 슈퍼 사이클

| JP모건
헬스 케어 컨퍼런스 |

JP모건 헬스 케어 컨퍼런스는 전 세계 헬스 케어 기업과 투자자들이 한자리에 모이는 세계 최대 규모의 제약·바이오 박람회로 매년 1월 미국에서 열린다. 1983년 소형 투자은행 H&Q의 바이오 IR 행사로 시작됐다가 2003년부터 JP모건이 인수하면서 JP모건 헬스 케어 컨퍼런스로 이름이 변경됐고 업계 최고 권위를 자랑하는 행사로 발돋움했다.

　JP모건 헬스 케어 컨퍼런스는 국내 제약·바이오 기업도 매년 수십여 개가 참여할 정도로 큰 관심을 받는 행사다. 세계 3대 암학회라 불리는 미국임상종양학회ASCO, 미국암연구학회AACR, 유럽종약학회ESMO 등의 학술대회는 JP모건 헬스 케어 컨퍼런스로 가는 중간 레이스로 봐도 무방하다.

　마치 아카데미 시상식에 참여하는 작품들이 수많은 영화제와 시사회 등을 섭렵하는 것과 마찬가지로 전 세계 굴지의 제약·바이오 기업들이 자사의 신약 파이프라인 임상 성과를 각종 학회를 통해 알리고 JP모건 헬스 케어 컨퍼런스에서는 많은 빅 파마와의 1:1 또는 1:다 미팅을 통해 기술이전L/O과 기술협력 등의 결과물을 만드는 자리다.

　2024년 JP모건 헬스 케어 컨퍼런스는 1월 8일부터 11일까지 미국

샌프란시스코에서 열린다. 2023년에 많은 기업이 참여했는데도 불구하고 굵직한 MOU 혹은 기술이전 계약이 없었던 만큼 2024년에는 더욱 많은 국내 기업이 신약 개발의 성과를 뽐내고 실질적인 결과물까지 얻어낼 것이라는 기대감이 크다.

특히 2023년에는 일라이 릴리의 '마운자로'(성분명 티제파타이드), 노보 노디스크의 '위고비'(성분명 세마글루타이드) 등 슈퍼 블록버스터급의 신약 개발 열풍이 불었고, 알츠하이머와 면역치료제 등의 분야에서도 괄목한 만한 기술 진전이 이뤄진 한 해였다.

2024년에도 차세대 항암제와 자가면역 치료제 등의 신약 개발과 바이오시밀러Biosimilar 시장의 폭발적 성장이 예상되는 만큼 주식 시장에서도 JP모건 헬스 케어 컨퍼런스에서 새롭게 소개되는 신약 후보 물질과 유망한 파이프라인을 보유한 혁신적인 제약·바이오 기업들이 주목을 받을 수 있는 한 해가 될 것이다.

| 표적항암제와 면역항암제 |

항암제 시장의 역사야말로 제약·바이오 산업의 역사이며 약학 기술 발전의 표본이다. 항암제는 암세포 증식을 억제하기 위해 사용하는 화학 요법 치료제를 의미한다. 암의 치료는 암세포의 크기를 줄이는 것부터 다른 장기로의 전이를 차단하는 것, 혹은 더는 암세포가 자라지 않게 만드는 것을 포함하는 개념이다.

1세대 항암제는 '세포독성' 항암제로 닥치는 대로 세포를 공격한다. 암세포의 DNA 증식을 차단하고, 결국 세포 증식을 막아 암세포를 사멸시키는 기전이다. 하지만 정상 세포들의 정상적인 세포 분열까지 방해하므로 탈모, 구토, 면역 저하 등의 심각한 부작용을 동반하기도 한다.

그래서 탄생한 것이 2세대 '표적'항암제다. 특정 단백질이나 특정 유전자 변이에만 작용해 암의 성장과 분화를 차단한다. 암세포에만 작용하므로 세포 독성의 심각한 부작용들을 극복할 수 있는 장점이 있다. 하지만 이것 또한 완벽한 항암제라고 할 수 없는 이유가 시간이 지나면서 점차 약물의 효과가 감소한다. 약물에 대한 내성이 생겨서 그렇다.

그래서 3세대 항암제인 '면역'항암제가 개발됐다. 면역항암제는 몸속의 T세포, B세포, NK세포 같은 면역세포를 직접 활용하거나 인공 면역 단백질을 몸속에 투입해 면역 체계를 활성화시킨다. 이 면역세포 등이 직접 암세포를 공격하므로 부작용이 덜하고, 치료 효과가 극대화된다.

최근 항암제 시장에서는 주로 표적항암제와 면역항암제를 폭넓게 처방하고 있고, 이 둘을 동시에 활용하는 병용요법을 통해 내성이 생긴 환자와 기존 약물에 효과가 없는 환자들까지 치료할 가능성이 생겼다.

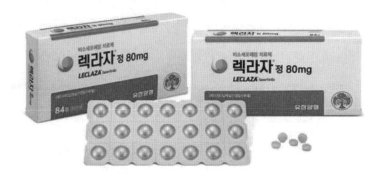

유한양행의 폐암 신약 렉라자

출처 : 유한양행

글로벌 제약회사 머크가 개발한 '키트루다'(성분명 펨브롤리주맙)는 단일 제품의 1년 매출이 무려 27조 원(2022년 기준)에 육박할 정도로 면역치료제로 가장 각광받고 있는 의약품 가운데 하나다.

우리나라 제약회사 유한양행은 렉라자정(성분명 레이저티닙)이라는 표적 치료 약물을 얀센과 공동개발하면서 얀센의 '아미반타맙'(상품명 리브리반트)이라는 면역치료제와의 병용요법을 통해 폐암 1차 치료제로 상업화를 성공시키기 위해 박차를 가하고 있다.

2015년 이후 한미약품을 포함한 많은 기업이 글로벌 빅 파마 혹은 해외 유수의 제약·바이오 기업들과의 기술이전 계약을 체결했다. 하지만 이런 기술이전 계약을 통해 최종적인 임상 성공이나 상업화 단계에 이른 후보 물질이 아직 단 한 건도 없을 정도로 신약 개발은 그 자체로 시간과 비용이 많이 들고 또 확률적으로 매우 어려운 과정이다.

하지만 우리나라 바이오테크 기업들의 기술 수준이 계속해서 높아지고 있고 R&D 투자도 꾸준히 증가하고 있다. 2020년 코로나 19 치료제와 백신 개발에 전 세계적인 역량을 집중하는 바람에 다른 의약품 연구개발에 대한 R&D 투자가 일시적으로 감소했지만 2022년 하반기 이후 점차 회복하는 추세다.

최근에는 AI 기술을 신약 연구개발에 접목하면서 비용과 시간의 단축뿐 아니라 신약 개발 성공 가능성까지 크게 높이고 있다.

| 파운드리와 CMO, 미래 신성장 동력 |

메모리 반도체 시장의 압도적인 1위 기업은 누가 뭐래도 삼성전자다. 선단 공정 기술을 앞세워 서버, PC, 모바일향 D램 시장의 절대적인 강자 위치를 굳히고 있다. 하지만 시스템 반도체를 포함한 전체 반도체 시장을 생각하면 얘기가 달라진다.

시스템 반도체 시장에서는 최근 GPU와 AI 가속기를 앞세운 엔비디아가 절대 강자로 군림하고 있다. 시총이 무려 1,500조(2023년 11월 현재)에 육박하고 이는 삼성전자의 약 4배에 달한다. 파운드리 Foundry(반도체 위탁 생산) 시장에서는 TSMC라는 대만 기업이 선두 지위를 차지하고 있다.

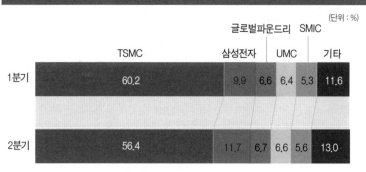

파운드리 시장 점유율(2023년 2분기 기준)

(단위 : %)

	TSMC	삼성전자	글로벌파운드리	UMC	SMIC	기타
1분기	60.2	9.9	6.6	6.4	5.3	11.6
2분기	56.4	11.7	6.7	6.6	5.6	13.0

출처 : 트렌드포스

삼성전자는 2030년 시스템 반도체 시장 1위를 목표로 전사적인 역량을 집중하고 있고 대규모 투자도 진행하고 있다. 하지만 위 자료에서처럼 파운드리 시장에서 TSMC와의 점유율은 줄어들지 않고 있다. 생산 능력과 패키징Packaging 기술의 뒤처짐, 엔비디아와 애플 등 빅테크 고객사를 잃으면서 더욱 어려운 처지에 놓여 있다.

파운드리는 고객사들의 실세와 디자인에 따라 반도체를 위탁 생산하는 기업을 의미한다. 최근 반도체 기업들은 설계·디자인·생산 등 공정을 세분화해 전문화하고 각자의 영역에 집중하는 경향이 강하다. 특히 AI, 자율주행 등 최첨단의 고사양 반도체 칩 생산에 대한 수요가 폭발적으로 증가하면서 파운드리의 중요성은 점차 높아지고 있다.

삼성전자는 이런 파운드리 시장의 점유율 격차를 좁히기 위해 미국 텍사스주 테일러시에 20조 원 규모의 파운드리 2공장을 건설하고 있다. 향후 TSMC를 추격하고 시스템 반도체 1위 목표 달성과 빅테크 기업들을 고객사로 확보하기 위한 승부수로 평가받고 있다.

반도체 시장에 파운드리가 있다면 제약·바이오 시장에는 CMO가 있다. CMO Contract Manufacturing Organization는 파운드리와 마찬가지로 제약·바이오 의약품 기업들이 의뢰에 따라 의약품을 위탁 생산하는 기업이다. 국내에서 삼성바이오로직스(207940), 해외에는 론자 Lonza 같은 기업이 대표적이다.

삼성바이오로직스는 설립 이후 지속적인 생산 능력의 확대를 추진하고 최근 단일 공장 기준 세계 최대 규모의 4공장 완공과 수주 확보, 향후 5~6공장 설립 계획까지 발표하면서 명실상부한 글로벌 CMO 1위 기업으로 발돋움하고 있다.

최근에 삼성바이오로직스는 바이오시밀러뿐 아니라 비만치료제와 면역치료제 시장의 성장, 도나네맙(일라이 릴리), 레카네맙(바이오젠) 등 초기 알츠하이머 신약들이 연이어 미국 FDA의 판매 허가를 획득하면서 이들 의약품에 대한 수주 확대 기대감도 형성되고 있는 단계다.

우리 정부는 2023년 7월, '바이오경제 2.0' 추진 계획을 발표하면서 2030년 세계 1위의 바이오 의약품 생산국을 목표로 바이오 신소재 활성화, 디지털바이오 생태계 구축, 바이오에너지 상용화 등 구체적인 사업 목표를 내걸고 바이오경제 생산 100조 원, 수출 500억 달러 공약을 내걸었다. 이를 위해 삼성바이오로직스 같은 CMO 기업의 역할이 절대적이며 정부는 관련 투자와 세제 지원에 힘을 쏟겠다는 의지를 피력했다.

우리나라는 전통적으로 제조 강국이다. 반도체·자동차·조선 등 산업의 역량과 경험을 살려 바이오의약품 시장에서도 제조 강국의 지위를 공고히 한다면 뒤처진 신약 개발과 R&D 분야 역시 선진국 반열로 진입할 수 있는 초석이 될 수 있을 전망이다.

┃ 글로벌 블록버스터 신약의 탄생 ┃

MS의 관계 회사 오픈AI^OpenAI가 챗GPT를 공개하면서 모든 산업에 AI 바람이 불고 있다. 그야말로 AI 융복합의 시대가 성큼 다가온 것이다.

바이오-헬스 케어 시장도 예외는 아니다. 의료 진단, 예후 관리, 사전 예측 등 질병의 위험을 예측하고 진단할 수 있는 AI 기술 도입과 후보 물질 발굴 과정에서 가장 성공 가능성이 높은 물질을 필터링하는데 AI 기술을 적극 활용하고 있다.

이런 트렌드는 주식 시장에 그대로 이어지면서 루닛(328130) 같은 기업이 투자자들의 열광적인 지지를 받았고 딥노이드, 뷰노 등 스몰캡 주식도 각광을 받았다. 루닛은 '루닛 스코프', '루닛 인사이트'

등의 플랫폼 기술을 통해 각종 학회와 컨퍼런스에서 글로벌 기업의 관심을 한 몸에 받았다. 미국의 암 정복 프로젝트인 '캔서 문샷Cancer Moonshot' 프로젝트에 참여 기업으로 선정되는 등 그 기술력을 국제적으로 인정받고 있다.

파로스아이바이오(388870)와 신테키바이오(226330) 등은 신약 개발과 후보 물질 발굴에 AI 기술을 도입해 자체적인 파이프라인 확보와 신약 발굴 플랫폼 해외 수출까지 추진하고 있다.

아직까지 이런 AI 후보 물질 발굴 프로그램을 통해 임상에 진입한 파이프라인이 없지만, 실제 임상 진입과 기술이전 등 가시적인 성과가 만들어지면 관련 기업들의 가치는 큰 폭으로 상승할 가능성이 크다.

신약 개발 시장에서도 국내 기업들의 희소식이 점차 늘어날 것으로 전망된다. 유한양행은 J&J의 관계사 얀센과 공동임상을 통해 비소세포폐암 신약 '렉라자'를 개발하고 있다.

특히 2023년 10월 유럽종양학회 연례학술대회에서 마리포사MARIPOSA 1&2에 대한 임상 3상 결과를 공개하면서 상업화가 임박했다는 평가를 받고 있다. 2023년 연말 J&J 주도로 미국 FDA 판매 허가를 신청해놓은 상태로 빠르면 2024년 하반기에 긍정적인 소식이 전해질 것으로 기대된다.

메지온(140410)은 폰탄수술치료제 '유데나필' 임상 3상에 재도전하고 있다. 세계 1위 임상 수탁 기업 아이큐비아를 CRO로 선정하고 미국 FDA의 수정 요구 사항을 적극 반영한 만큼 2024~2025년 경 판매 허가를 획득하는 데 한 발 더 다가섰다는 평가다.

에이치엘비(028300)의 '리보세라닙' 역시 중국에서의 성공을 발판으로 간암 적응증에서의 글로벌 임상 3상을 적극 수행하고 있다.

알테오젠(196170)은 SC 제형 변경 플랫폼 기술을 발판으로 머크사의 키트루다 SC제형 상용화에 결정적인 기여를 하고 있다. 특히 2027년 이후 키트루다의 특허가 만료되면 각종 시밀러 제품을 출시하는 만큼 머크사는 알테오젠과의 협업을 통해 시밀러 시장에서도 확실한 지배력을 확보하기 위한 치열한 경쟁을 준비하고 있다.

이외에도 한미약품(128940), 레고켐바이오(141080), 에이비엘바이오(298380) 등이 글로벌 신약 개발 시장에 적극 도전장을 내밀고 우리나라의 척박한 신약 개발 시장을 개척해 나가는 도전 정신을 끊임없이 발휘하고 있다.

2030년,
사람이 없다

| 무인 공장,
현실화 가능성은 |

삼성전자는 2030년, '무인無人' 공장 도입을 추진한다. 생산 인력을 투입하지 않고 기계와 로봇만으로 공장을 돌린다는 얘기다.

합계 출산율이 0.7에 불과할 정도로 심각한 인구절벽에 직면한 우리나라는 앞으로 절체절명의 노동력 부족과 인력난에 시달릴 전망이다. 따라서 삼성전자와 삼성그룹은 미래 노동력 태부족과 인건비 문제, 생산 효율 향상 등을 목표로 전면적 무인 공장화를 앞장서서 추진하고 있는 것이다.

4차 산업혁명 기술의 발전과 스마트 팩토리 기술의 확보로 전혀 비현실적인 얘기가 아니라는 평가가 나온다. 오히려 우리나라 제조업 위기를 타개하고 미래 성장 동력을 확보하려면 필수불가결의 생존 전략이 되어야 한다는 말까지 나온다.

삼성그룹뿐 아니라 LG그룹, 현대기아차그룹, 한화, 두산 등 대기업이 공통으로 무인 공장과 로봇 산업에 지대한 관심을 갖고 있는 이유다.

삼성전자는 삼자 배정 유상증자에 참여하는 방식으로 코스닥 상장 로봇 전문 기업 레인보우로보틱스의 2대 지주에 올라 있다. 현대기아차그룹은 미국의 보스턴다이나믹스를 인수하면서 로봇 산업에 발을 들였고 추가적인 M&A를 이미 예고한 상태다.

두산그룹은 국내 협동 로봇 시장 1위 기업인 두산로보틱스를 코스피 시장에 성공적으로 상장시켰고, 이를 통해 조달한 자금으로 해외 시장을 개척하기 위한 적극적인 투자를 계획하고 있다.

LG전자는 로보스타, 로보티즈 등 상장 로봇회사를 이미 관계 회사로 보유하고 있고 배터리와 전장 등 사업 고도화를 위해 로봇 산업에 대한 적극적인 투자 의지를 천명했다.

이렇듯 주요 대기업이 모두 미래 인구절벽에 대비하기 위한 복안을 로봇 시장에서 찾고 있는 것으로 해석할 수 있다.

| 협동 로봇 시장과 제조업 혁명 |

협동 로봇은 인간 작업자와 협력해 페이로드^{Payload}를 방향 전환하거나 조종해 컴퓨터가 동작을 제어할 수 있게 하는 것으로부터 시작됐다. 이후 많은 기술이 진보하면서 다양한 산업 현장에서 수많은 형태의 작업 도구로 활용도가 높아졌다. 스마트 팩토리와 전면적인 무인 공장화로 가기 위한 필수적인 단계가 협동 로봇 기술의 성숙과 발전임은 명백하다.

현재 전 세계 협동 로봇 시장 점유율 1위 기업은 유니버셜로봇이다. 협동 로봇의 대명사로 '유니버셜로봇'이 쓰일 정도로 이미 산업 현장에서 보편적인 브랜드로 자리 잡았다.

국내에서는 두산로보틱스가 시장 점유율 70%를 차지하고 있다. 두산로보틱스는 2023년 10월 코스피 시장에 신규 상장했고 ㈜두산이 최대 주주로 지분 68.1%를 보유(2023년 말 기준)하고 있다. 두산로보틱스는 2018년 협동 로봇 M시리즈 4종 양산을 시작으로, 현재는 글로벌 경쟁 기업 가운데 가장 많은 13종의 협동 로봇을 생산하고 있다.

특히 현존하는 협동 로봇 중 가장 무거운 중량을 운반할 수 있는 H시리즈를 전 세계 최초로 양산하는 데 성공했고 하중 5~25킬로그램을 모두 커버하는 라인업을 구축했다. 상장을 통해 확보한

유니버설로봇의 협동 로봇 시리즈

귀사의 비즈니스에 가장 적합한 코봇을 알아보십시오

아래에서 로봇을 선택하여 비교해보십시오

UR3e   UR5e   UR10e   UR16e   UR20 NEW

출처 : 유니버셜로봇 홈페이지

4,200억 원의 자금으로 조리용 로봇, 스마트 팩토리, 자율주행 물류 로봇AMR 등 시장 진출을 적극 준비하고 있다. M&A를 통한 신사업 발굴에도 역량을 모을 계획이다.

우리나라는 전통적으로 자본 집약적 산업과 노동 집약적 산업에 강점을 보이고 있다. 반도체 산업에 이어 전기차용 배터리 산업이 새로운 중추 산업으로 떠오르고 있고, 자동차 산업 역시 전동화와 자율 주행화를 선도하고 있다.

이런 제조업 중심의 산업 구조가 다가올 미래에는 심각한 위기에 직면할 가능성이 커졌다. 노동력 부족과 높은 임금은 생산 효율성 저하로 이어져 제조업의 국가 경쟁력이 갈수록 악화될 수밖에 없는 상황이다.

이를 극복하기 위한 유일한 대안은 제조업 혁명이다. 앞으로 4차 산업혁명의 기류와 함께 AI, 로봇 등 첨단 산업은 폭발적인 성장세를 구가할 가능성이 크다.

AI 신기술과 로봇 기술의 융복합으로 스마트 팩토리 기술이 진화하고 더 나아가 무인 공장의 꿈을 현실화할 수 있다. 국내에서도 이를 위해 많은 스타트업이 AI와 로봇 시장에 도전장을 내밀고 있다. 정부와 대기업은 이들이 4차 산업혁명과 제조업 혁명을 완성할 수 있는 뿌리 역할을 할 수 있도록 적극적인 투자와 제도적 지원, 규제 혁파에 앞장서야 할 것이다.

ㅣ 빅테크와 대기업이
로봇을 주목하는 이유 ㅣ

우리나라는 전 세계에서 가장 빠른 속도로 저출산, 고령화 사회로 진입하고 있는 국가다. 노동가능인구의 감소, 생산 능력 저하, 최저 임금의 상승은 로봇의 시대를 더욱 앞당기고 있다.

기업은 이윤 추구가 생존 본능이다. 인구 통계학적, 산업 구조적 문제를 떠나서 2030년까지 연평균 30~35%에 달하는 고속 성장 속도, 시장 규모는 전망하는 기관에 따라 다르지만 대략 300~400조 원 규모를 자랑하는 로봇 산업에 대기업이 진심일 수밖에 없다. 한마디로 돈이 된다는 얘기다. 돈이 되는 만큼 시장을 선점하기 위한 국내 주요 대기업의 행보도 발 빠르다.

삼성전자는 레인보우로보틱스(277810) 지분 14.84%를 보유한 2대 주주다. 삼성전자가 지분을 보유한 유일한 상장 기업이라는 측면에서도 레인보우로보틱스는 프리미엄을 받을 만하다.

레인보우로보틱스는 2022년 사족보행 로봇을 개발하는 데 성공했고 서빙 로봇, AMR 등 종합 로봇 플랫폼 기업으로 변모하고 있다. 삼성전자가 지분 투자를 한 이후 삼성웰스토리와 급식 자동화 추진을 위한 MOU를 체결하면서 양사 간 기술 협력과 신사업 진출의 첫걸음을 떼는 데 성공했다.

앞으로 삼성전자의 스마트 팩토리, 무인 공장화를 추진하기 위한 로드맵에 레인보우로보틱스가 결정적인 역할과 기여를 할 것이라는 점은 자명하다. 삼성전자의 투자와 지원 속에 로봇용 부품 내재화를 신속히 추진하고, 다양한 로봇 플랫폼 기술을 개발해 중장기적인 성장 동력을 확보할 것이라는 전망이다.

뉴로메카(348340)는 포항공과대학 출신 전문 인력이 주축이 되어 2013년 설립한 기업으로 협동 로봇과 AMR, 고속 고정밀 델타 로봇 등을 생산하고 있다. 뉴로메카는 2023년 말 피자·치킨·커피 등 F&B 분야 로봇 시장 공략을 위해 미국 시장 진출을 선언했고, 수술용 로봇 수주 이력도 있다.

뉴로메카는 정부의 네옴시티 수주전 과정에서 주요 사업 분야로 떠오른 스마트팜 시장에서도 관련 로봇 개발 이력을 보유하고 있다. 다양한 사업 포트폴리오와 원천 기술을 확보한 덕분에 국내 대기업의 지분 투자 가능성과 다양한 협업이 기대되는 기업이기도 하다.

티로보틱스(117730)는 AMR에 특화된 기업이다. 2023년 4월 SK ON향 대규모 공급 계약에 연거푸 성공하면서 시장의 폭발적인 관심을 받았다. 국내 로봇 기업 중에서는 최초로 2차 전지 배터리 생산 공장에 AMR을 납품한 기업이라는 타이틀까지 차지했다.

SK ON은 북미 배터리 공장 건설을 위한 설비 투자에 적극적이다. 미국 자동차회사와의 합작회사 설립뿐 아니라 현대차그룹과의 합작회사 설립도 추진하고 있다. 향후 SK ON의 투자 확대에 따라 티로보틱스는 AMR 분야 추가 수주가 충분히 가능할 전망이다. 그리고 2차 전지 공정 외에 반도체, 전기·전자, 자동차, 조선 등 다양한 분야로의 사업 확대 기회를 엿보고 있다.

에스비비테크(389500)는 로봇용 정밀 감속기를 제조하는 기업이다. 협동 로봇 시장의 성장과 함께 그에 따른 핵심 부품 사업 성장에 관한 관심도 함께 증가하고 있다. 협동 로봇 구동부에 투입되는 하모닉 감속기 국산화를 선도하는 기업이 에스비비테크다.

에스비비테크의 경쟁력은 다른 기업 대비 현저하게 빠른 납품 기간이다. 다른 기업이 평균 10개월가량의 리드 타임이 걸리는 반면 에스비비테크의 납기는 4~10주에 불과하다. 2023년 공격적인 캐파 증설을 통해 연간 5만 대의 하모닉 감속기 생산 능력을 확보했고 향후 2025년까지는 연간 25만 대 규모의 생산 능력을 확보할 전망이다.

| 로봇 산업,
핵심 투자 전략 |

로봇 기업은 대표적인 미래 성장 섹터다. 성장주의 특징은 철저하게 미래를 보고 주가가 움직인다는 점이다. 즉, 지금 현재 실적은 별 볼 일 없지만, 앞으로의 가능성을 보고 투자하는 기업이라는 말이다. 주식 투자에서 앞으로의 가능성이란 뜬구름 잡는 소리여서는 안 된다. 시장 규모 성장률과 그 시장에서 해당 기업이 과연 어느 정도의 점유율을 차지할 수 있는지가 핵심 지표가 되어야 한다.

따라서 국내 시장과 해외 시장에서 점유율이 어느 정도인지, 독자적인 원천 기술을 얼마나 확보했는지를 꼭 체크해야 한다. 로봇 산업 역시 특허와 기술 장벽을 무시할 수 없다. 배타적 기술력을 많이 확보한 기업일수록 시장 선점의 가능성이 큰 것은 두말할 필요가 없다.

언급한 것처럼 2030년까지 로봇 시장은 현재 110조 원 규모에서 300~400조 원 규모로 성장할 만큼 규모가 커진다. 투자자의 관점에서 로봇 시장에서 맨 먼저 관심을 가져야 하는 분야는 협동 로봇 분야다. 국내 산업계가 가장 관심을 기울이면서 관련 시장 선점과 소재, 부품 국산화에 공을 들이고 있는 분야이기 때문이다.

스마트 팩토리도 빼놓아서는 안 되는 분야로 꼽히고 있다. 앞으로 모든 산업 현장은 AI와 컴퓨터에 의해 가동될 것임이 분명하다.

따라서 그 가교 역할을 할 스마트 팩토리 플랫폼 기술력을 확보한 기업이 경쟁력을 갖춘 핵심 기업으로 성장할 것이다.

로봇 기술과 AI 기술의 접목이 가속화하면서 수술용 로봇 시장도 크게 성장할 것으로 전망된다. 인간의 생명과 직결된 수술 현장에서 로봇은 인간보다 훨씬 정밀하고 탁월한 수술 정확도를 자랑하게 될 것이다.

글로벌 수술용 로봇 시장은 2021년 63억 달러 수준에서 10년 후인 2031년에는 167억 달러 규모로 성장할 것으로 예상한다. 국내에서는 큐렉소(060280), 고영(098460) 등이 수술용 로봇 시장에서 빠르게 성과를 쌓아가고 있다.

AI 시대가
오고 있다

| AI가 주도하는
4차 산업혁명 |

생성형 AI의 출현은 인류에게 큰 충격을 안겨줬다. 인텔과 IBM이 퍼스널컴퓨터 시장을 성장시켰고 애플이 스마트폰 시장을 개화시킨 것처럼 마이크로소프트, 구글 등 빅테크 기업들이 AI의 시대를 재촉하고 있다.

미국 주식 시장의 시총 1위 애플부터 7위 메타플랫폼스까지 모두가 자체적인 생성형 AI 기술을 확보하거나 관련 제품을 사업 포트폴리오의 주축으로 삼고 있다. 4차 산업혁명은 AI로 인해 인간의 예상을 훨씬 뛰어넘는 빠른 속도로 구체화될 것이고, 광범위한 분야에서 촉발될 것이다. 아마 그 충격은 1~3차 산업혁명의 모든 경제적 부가가치를 합친 것보다 크고 강렬할 것이다.

'초연결', '초지능', '초융합'으로 대표되는 4차 산업혁명은 인간의 삶의 형태와 문화를 통째로 바꿔놓기에 충분하고 기업들의 생존 전략에도 근본적인 변화와 개혁을 요구할 것이다. 자본주의의 고도화와 함께 진화해온 기업들은 4차 산업혁명으로 인해 지금까지와는 전혀 다른 산업 생태계를 구축해야 할 것이다.

현재 AI 전문 기업 중 가장 앞서 나가는 곳은 마이크로소프트다. 더 엄밀히 얘기하자면 마이크로소프트가 직접 투자한 '오픈AI'라는 벤처 기업이다. 챗GPT 상업화에 성공하면서 생성형 AI 열풍을 불러일으킨 장본인임과 동시에 실제 AI 서비스 상용화를 통해 수익성을 창출하는 단계에 이르렀다는 평가를 받고 있다.

이를 바짝 뒤쫓고 있는 기업이 구글이다. 구글은 2023년 4분기에도 AI 전문 스타트업 '앤스로픽Anthropic'에 대한 20억 달러 추가 투자를 발표했다. 오픈AI를 견제하고 앤스로픽과의 연대를 강화하기 위해 2023년에만 3번째 투자를 단행한 것이다. 앤스로픽은 2026년 현존하는 가장 강력한 AI 모델보다 더 강력한 성능의 '클로드-넥스트'라는 모델을 내놓을 계획이다.

더불어 아마존 역시 앤스로픽에 최대 40억 달러 규모의 투자

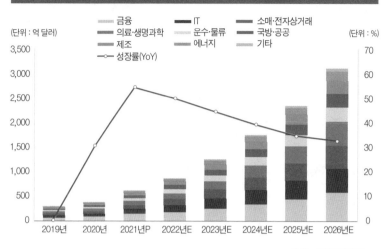

산업별 AI 시장 규모 추이

(단위 : 억 달러)

범례: 금융 / IT / 소매·전자상거래 / 의료·생명과학 / 운수·물류 / 국방·공공 / 제조 / 에너지 / 기타 / 성장률(YoY)

(단위 : %)

를 결정한 상태다. 오픈AI의 독주를 막기 위해 구글과 아마존이 협력하는 모양새다. 오픈AI의 최고경영자 샘 올트먼Sam Altman은 챗GPT4의 단점인 환각 현상을 제거한 챗GPT5를 곧 출시한 것임을 밝히기도 했다.

위 그림에서 보듯이 AI는 IT는 물론 금융·의료·제조·에너지·국방 등 전 사업 부문에 걸쳐 광범위하고 폭발적인 영향력을 행사한다. 2019년 전체 AI 시장 규모는 불과 300억 달러 수준이었지만 2026년이 되면 무려 3,000억 달러 규모 이상으로 성장한다. 미국의 주요 빅테크 기업뿐 아니라 국내 IT·반도체·통신 등 주요 기업들이 AI 시장에 주목하는 이유다. 시장이 커지고 투자가 늘어나는 만큼

주식 시장에서도 관련 기업들이 당연히 주도주로 부각될 가능성이
매우 크다.

| AI 반도체 시장과
국내 반도체 기업의 미래 |

이제 AI는 모든 산업에서 떼려야 뗄 수 없는 핵심 기술, 플랫폼
역할을 하고 있다. 이런 AI 생태계에서 국내 산업과 가장 밀접한 상
관관계가 있는 것은 반도체라 할 수 있다.

생성형 AI의 확산으로 엔비디아가 공급하는 AI 가속기 시장이
폭발적으로 성장하고, 관련 수요에 비해 생산이 턱없이 부족할 정
도로 시장이 빠르게 성장하고 있다. 엔비디아가 제조하는 AI 가속
기는 개당 수천만 원을 호가하는 고가에도 불구하고 없어서 못 파
는 지경이다.

아쉽게 우리나라를 대표하는 삼성전자와 SK하이닉스는 최근 각
광받고 있는 GPU를 포함한 시스템 반도체 시장에서는 그 영향력
이 미미하다. 하지만 AI 가속기를 생산하는데 필수적으로 들어가
는 HBM 분야에서 그 경쟁력을 인정받고 있다.

앞으로 패키징 기술의 고도화와 턴키Full Turn-key 방식의 수주를 통
해 파운드리 역량을 강화한다면 위탁 생산 분야에서도 가시적인 성
과를 낼 수 있을 것으로 기대된다.

현 AI 반도체 생태계의 정점은 GPU와 AI 가속기 설계 능력을 보유하고 시장을 90% 이상 선점한 엔비디아다. 엔비디아가 현존하는 반도체 기업 중 시가총액이 가장 큰 이유는 AI 반도체 시장 성장의 실질적인 수혜를 가장 크게 입을 기업이기 때문이다.

다음으로 TSMC의 역할을 눈여겨볼 필요가 있다. 파운드리 기업으로 WoCoS 패키징 기술을 바탕으로 현재 엔비디아의 AI 가속기를 독점적으로 위탁 생산하고 있다.

SK하이닉스는 HBM 시장에서 두각을 보이고 있다. 이종집적 패키지를 통해 칩 성능을 현격하게 증가시키기 위해 GPU라는 시스템 반도체와 HBM이라는 메모리 반도체를 함께 포장(패키지)함으로써 효율성을 확보했다. 현재 엔비디아의 AI 가속기에는 SK하이닉스가 독점적인 공급 지위를 유지하고 있다.

삼성전자는 향후 5세대 HBM 시장 침투, 어드밴스드 패키지^{Adv} ^{PKG} 기술 발전을 통해 턴키 방식의 AI 반도체 밸류 체인 구축을 목표로 삼고 있다. 엔비디아가 설계한 GPU에 삼성선사가 직접 제조한 HBM을 이종집적 방식으로 패키지하고 이를 삼성전자 파운드리 공장에서 직접 생산하는 형태다.

애플, 엔비디아, 테슬라 등 빅테크 기업들이 삼성전자 파운드리를 통한 위탁 생산을 꺼리는 이유는 기술 유출 우려 때문이다. 종합 반도체 기업인 삼성전자는 칩의 설계·생산·판매를 일괄적으로 할 수 있는 몇 안 되는 반도체 기업으로 핵심 기술 유출을 꺼려 하는 엔비디아 등 빅테크 기업들은 주로 위탁 생산만 담당하는 TSMC를 선호해왔다. 따라서 이런 한계를 극복할 수 있게 기술 안보 보장과 비용 측면의 효율성을 제공할 수 있는 복안을 만들 필요가 있다.

AI 산업 속 반도체 제조업체들의 기회

구분	파운드리	메모리(HBM)	패키징
현재 엔비디아 밸류 체인	TSMC	SK하이닉스	TSMC
턴키 밸류 체인	삼성전자		
수주 가능성	★	★★★	★★

출처 : 이베스트투자증권 리서치센터

| HBM 시장의 성장과
관련 수혜주 |

현재 SK하이닉스는 4세대 HBM인 HBM3를 엔비디아에 독점 공급하고 있다. 2024년 상반기 출시를 준비하고 있는 엔비디아의 차세대 AI 가속기 일명 'B100'에도 SK하이닉스의 5세대 HBM3E를 독점적으로 공급할 것으로 알려져 있는 상태다. 전체 HBM 시장에서는 삼성전자와 SK하이닉스의 점유율이 크게 차이 나지 않지만 최근 각광받고 있는 AI 가속기용 HBM 시장에서는 SK하이닉스가 삼성전자를 크게 앞서고 있는 것이 사실이다.

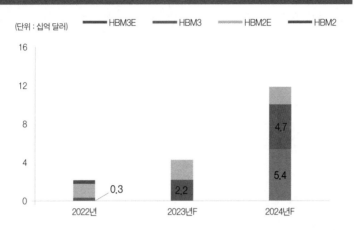

제품별 금액 기준 HBM 수요 전망

(단위 : 십억 달러) ━━ HBM3E ━━ HBM3 ━━ HBM2E ━━ HBM2

출처 : 현대차증권, 트렌드포스

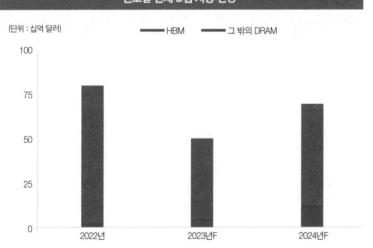

연도별 전체 D램 시장 전망

(단위 : 십억 달러) ━━ HBM ━━ 그 밖의 DRAM

출처 : 현대차증권, 트렌드포스

2022년만 하더라도 3억 달러에 불과했던 HBM3 비중은 2024년에 무려 47억 달러 규모로 성장할 것으로 예상한다. 또 세대 HBM3E는 HBM3를 단번에 뛰어넘어 54억 달러 규모에 달할 것으로 전망되고 있다. 전체 D램 시장에서 차지하는 HBM의 규모도 폭발적인 증가세를 보이고 있다.

따라서 삼성전자와 SK하이닉스는 2024년 설비 투자의 상당 부분을 HBM 시장에 집중하고 있다. HBM 시장을 선점하기 위한 두 기업의 치열한 설비 투자 경쟁 속에 직접적인 낙수 효과를 입을 수 있는 반도체 소재·부품·장비 종목에 주목해야 하는 이유다.

현재 HBM 관련 소재·부품·장비 종목의 대장주는 단연 한미반도체다. HBM 생산 공정의 가장 핵심이라고 할 수 있는 TSV 공법

에서 핵심 장비라 할 수 있는 TC 본더를 전 세계에서 유일하게 양산할 수 있는 기업이다.

2023년 한 해 주가 상승 폭만 봐도 한미반도체가 다른 반도체 소재·부품·장비 종목들의 주가 상승률을 크게 상회할 정도로 독보적인 상승세를 나타냈다. 향후 HBM 시장의 고속 성장과 함께 시가총액이 9조 원까지 상승할 수 있다는 증권가의 평가도 있다.

한미반도체는 현재 생산 물량을 TSMC와 SK하이닉스에 전량 공급하고 있고, 이미 1~2년 치 생산 계획에 따른 선주문이 완료됐다는 후문이다. 삼성전자가 한미반도체를 고객사로 확보하지 못한 것이 AI 가속기용 HBM 시장에서 뒤처진 이유라는 얘기가 돌 정도로 관련 밸류 체인에서 핵심 중의 핵심 기업이다.

하나마이크론(067310)도 HBM 투자 확대의 반사 수혜를 입을 수 있는 기업이다. 삼성전자와 SK하이닉스가 선단 공정과 HBM 공정 투자로 치열한 전투를 벌일 수밖에 없는 상황에서 DDR4, DDR5 등 기존 제품군의 외주 물량은 크게 늘어날 수밖에 없다. 따라서 거의 유일한 대안이라 할 수 있는 OSAT로 하나마이크론의 실적 증가세가 커질 수 있다.

한미반도체가 2대 주주로 있는 HPSP(403870) 역시 주목해야 하는 소재·부품·장비 기업이다. HPSP의 고압 수소 어닐링 장비는 전체 반도체 기업들의 감산과 자본적 지출이 감소하는 여파 속에서 선단 공정 침투가 지속적으로 늘어나고 향후 메모리향으로도 채택

가능성이 점차 확대되고 있는 상황이다.

이외에 레이저 리플로우 장비를 제조하는 에스티아이(039440), 피에스케이홀딩스(031980)와 후공정 단에서는 러버 소켓 확대에 따른 수혜주로 ISC(095340), 티에프이(425420) 등을 주목해야 한다. 어드밴스드 패키지향 신규 검사 장비 수주 가능성이 큰 인텍플러스(064290)도 유망한 기업으로 꼽을 수 있다.

| AI 산업, 핵심 투자 전략 |

AI 산업은 성장 섹터 중에서도 단연 돋보이는 성장성과 시장 규모 확대가 확실시되는 분야다. 미국의 빅테크 기업들이 사활을 걸고 수십조 원에 달하는 경쟁적인 투자에 나서고 있고 국내 IT, 반도체 기업 역시 미국 AI 기업들의 성장을 빠르게 추격하고 있다.

AI 산업은 크게 AI 원천 기술과 플랫폼 기업, 반도체 기업, AI 기술을 접목한 초융합 기업 등으로 세분화해서 투자 전략을 수립할 필요가 있다.

실적 가시성이 가장 높은 분야는 AI 반도체와 HBM 수혜주가 될 것이다. SK하이닉스와 삼성전자, 나아가 엔비디아, TSMC 등 글로벌 시장을 선도하는 AI 반도체 기업과 그 낙수 효과를 기대할 수 있는 소재·부품·장비 종목에 대해서는 단기 테마적 접근이 아니라 중장기적 실적 성장에 포커스를 두고 투자하는 것이 바람직하다.

국내 생성형 AI 시장을 주도하는 기업은 네이버, 카카오, SK텔레콤 등이다. 이들 기업과 함께 협력하고 공생 관계를 구축하고 있는 AI 플랫폼 기업들이 빠르게 성장하고 있다.

지금 당장은 미미한 매출과 영업 적자로 고평가 우려를 피할 수 없지만, 한국형 생성형 AI 시대가 도래하면 실적 턴어라운드의 가능성이 클 수밖에 없는 셀바스AI(108860), 코난테크놀로지(402030), 솔트룩스(304100), 마음AI(377480) 기업의 성장에 대해서도 꾸준한 관심이 필요하다.

융복합 분야에서는 언급한 AI 의료 기기 관련 수혜주, 즉 루닛(328130), 딥노이드(315640), 뷰노(338220), 파로스아이바이오(388870) 등과 함께 자율주행 자동차 시장도 꼭 눈여겨봐야 하는 분야다.

자동차의 전장화는 IT 기술과 배터리 기술 혁신에서 이뤄질지 몰라도 자율주행 기술은 AI 알고리즘과 AI 학습이 반드시 필요하다. 테슬라Tesla가 단순한 전기차 기업 이상의 평가를 받는 이유는 자율주행 관련 선도적인 기술과 플랫폼을 확보하고 있는 기업이기 때문이다.

앞으로 자율주행 자동차 시장은 AI 기술 발전 덕분에 한층 업그레이드될 가능성이 큰 만큼 주식 시장에서도 차량용 NPU 칩, 인포테인먼트, AI 맵핑Mapping, 머신-비전 기술을 보유한 기업들에도 지속적인 관심을 가져보자.

PART 5

2024년 불마켓,
주도주의 조건

김준호

QR코드를 찍으시면 저자를 만나보실 수 있습니다.

2024년 증시, 불마켓(강세장) 가능성 3가지

01

▎사실상 종료된 미국 연준의 긴축 국면 ▎

2023년 글로벌 인플레이션 하락과 경기 반등 탄력은 시장의 높은 기대에 못 미쳤지만 2024년 시장 여건은 2023년보다 나아질 것으로 기대된다. 물가는 서서히 내려오고 있고, 경제성장률은 제조업을 중심으로 바닥을 치고 반등 신호가 포착되고 있다.

미국 연준(중앙은행)이 1980년대 이후로 가장 공격적인 기준금리 인상을 단행한 이후에도 여전히 추가적인 인상 가능성을 열어두고 있지만, 사실상 연준의 긴축 국면은 2023년 7월을 끝으로 종료됐다고 판단된다.

인플레이션이 2022년 중반 이후 완만해지기 시작했고, 미국 연준도 금융 시장의 긴축 효과를 인정해 2024년에 미국 연준의 인플레이션 목표치인 2%에 가까워진다면 금리를 정상화하려는 요구에 따라 통화 정책은 완화적으로 변할 것이다. 또 재정 정책은 긴축보다 부양에 맞춰질 것으로 전망되므로 늦어도 2024년 6월 전후로 본격적인 금리 인하 사이클이 시작될 것으로 예상한다.

주식 시장은 평균적으로 6개월 선반영(미리 미래의 경제를 반영하는 것)되므로 2024년 상반기부터 글로벌 투자 심리가 빠르게 회복돼, 2023년보다 훨씬 안정적인 시장 환경이 조성될 것으로 기대된다.

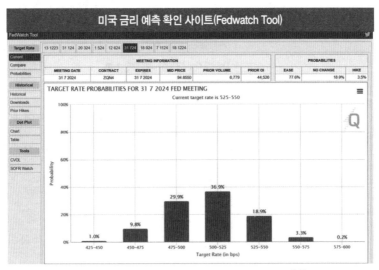

출처 : cmegroup.com

| 미국 대통령 선거가 열리는 2024년, 상승 확률 83% |

세계 경제 대통령이라고 할 수 있는 미국 대통령 선거가 2024년 11월 5일 치러진다. 역사상 미국의 대통령 선거가 열리는 연도에는 대체로 시장이 상승한 해가 압도적으로 많았다.

1970년대 이후 대통령 선거는 총 11차례 치렀고, 그중 10차례에 해당 연도 주가가 상승했다. 즉 대통령 선거를 실시한 연도의 주가 상승 확률은 82%에 달한다.

선거를 앞두고 금융 시장에 부담을 줄 수 있는 무리한 정책을 억제하고, 가급적 안정적인 경제 정책을 추진하며 각종 규제 완화에 대한 기대감 등으로 높은 확률로 시장은 항상 상승해왔다.

11차례 대통령 선거 연도 중 주가가 하락으로 마감한 때는 2000년과 2008년 두 차례뿐이다. 2000년(미국 IT 버블 붕괴), 2008년(글로벌 금융 위기) 모두 미국이 경기 침체를 겪은 시기라는 공통점이 있다. 정리하면 미국 대통령 선거가 열리는 해의 미국 경제가 침체로만 진입하지 않으면 시장은 대부분 상승해왔다.

2024년에 글로벌 경기 둔화에 관한 우려감이 크게 낮아져 투자 심리가 빠르게 회복되고 있고, 미국 연준의 기준금리 인하 사이클과 함께 강력한 경기 부양책까지 쏟아질 것으로 예상되므로 2023년보다 강한 상승장이 될 것으로 기대된다.

1930년 이후 총 4번을 제외하고 증시 연환산 수익률은 +7%			
취임 연도	대통령	소속 정당	연환산 수익률(%)
2020	조 바이든	민주당	16.26
2016	도널드 트럼프	공화당	9.54
2012	버락 오바마	민주당	13.40
2008	버락 오바마	민주당	-38.49
2004	조지 부시 2세	공화당	8.99
2000	조지 부시 2세	공화당	-10.14
1996	빌 클린턴	민주당	20.26
1992	빌 클린턴	민주당	4.46
1888	조지 부시	공화당	12.40
1984	로널드 레이건	공화당	1.40
1980	로널드 레이건	공화당	25.77
1976	지미 카터	민주당	19.15
1972	리처드 닉슨	공화당	15.63
1968	리처드 닉슨	공화당	7.66
1964	린든 존슨	민주당	12.97
1960	존 케네디	민주당	-2.97
1956	드와이트 아이젠하워	공화당	2.62
1952	드와이트 아이젠하워	공화당	11.78
1948	해리 트루먼	민주당	-0.65
1944	프랭클린 루스벨트	민주당	13.80
1940	프랭클린 루스벨트	민주당	-15.09
1936	프랭클린 루스벨트	민주당	27.92

출처 : 블룸버그, 현대차증권

| 증시 시장은
반드시 우상향한다 |

2023년에 바닥을 확인한 국내 기업이익은 2024년 반등 구간에 놓여 있다. 국내 수출 제품의 주요 수요 지역인 중국과 미국의 경기는 바닥이거나 좋은 상황을 유지 중이다. 현시점에서 대대적인 경기 부양책을 예고한 중국은 더 나빠질 가능성은 낮다.

수출 중심으로 이뤄진 코스피 기업의 이익은 글로벌 제조업 회복에 시차를 두고 후행한다. 기업이익은 2024년이 본격적으로 반등할 수 있는 시기로 예상된다. 금리와 인플레이션 등의 변수가 높든 낮든 각각 달랐던 시기에도 결국에 주가지수는 이익 흐름을 따르기 때문이다.

100년 이상 쌓인 S&P500 데이터를 보면 역사적인 폭락(1·2차 세계대전, 금융 위기, 닷컴버블 등)을 항상 이겨내며 시장은 장기적으로 우상향해왔다. 결국에 시장의 수많은 노이즈와는 상관없이 기업의 실적은 반드시 주가에 반영된다. 그런 기업들이 모여 시장을 형성하

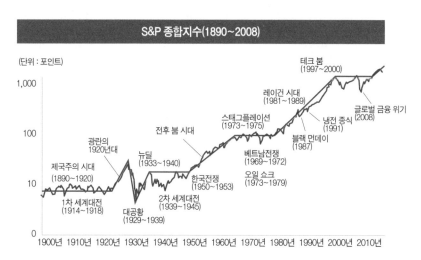

S&P 종합지수(1890~2008)

(단위 : 포인트)

출처 : JP모건

고, 그렇지 못한 기업들은 퇴출당한다. 따라서 시장은 반드시 우상
향한다.

  그러므로 주식 투자에 임하는데 매크로적인 변수에 아주 민감하
게 반응하기보다는 결국 지속적인 실적 성장이 기대되고, 다가오는
미래 사회에 변화를 이끄는 기업에 집중할 필요가 있다.

삼성 미래 먹거리만 확실히 알아도
수익은 저절로 따라온다

02

삼성전자는 국민 주식이자 우리나라 경제의 핵심이다 보니 삼성
전자이 투자 방향에 따라 시장의 주도 섹터기 결정되는 일이 많다.
특히 이재용 삼성전자 회장이 미래 먹거리로 낙점한 사업들은 향후
다가오는 미래에 삼성전자의 신성장 동력이 될 수 있으므로 면밀하
게 살펴봐야 한다.

2024년 삼성전자의 미래 먹거리 가운데 가장 관심을 가져야 할
유망 섹터를 정리해봤다.

| 입는 헬스 케어 로봇 '봇핏'은
시작에 불과하다 |

4차 산업혁명 시대에 들어서면서 '로봇' 기술의 중요성이 나날이 커지고 있다. 일상생활부터 의료·제조·국방·우주·항공 등 적용 범위도 무궁무진하다. 특히 AI 기술의 발전으로 로봇의 육신에 '생각'이라는 힘을 불어넣을 수 있게 되면서 관련 기술 산업 성장이 급물살을 타고 있다.

글로벌 시장조사기관 '마켓앤마켓Markets and markets'에서는 AI 로봇 시장이 연평균 성장률 38.6%를 보이며 353억 달러(46조 4,371억 원) 규모에 이를 것으로 예상한다.

이 같은 시장 상황에 맞춰 국내 기업들 역시 AI 로봇 관련 기술 확보에 열을 올리고 있다. 그 중심에 국내 최대 IT 기업인 '삼성전자'가 있는 것은 당연한 일이다.

2021년 이재용 삼성전자 회장이 로봇과 AI 등에 240조 원의 투자를 예고한 이후로 삼성전자는 로봇 산업에 대한 공격적인 인재 채용을 시작했으며, 로봇 사업화 TF를 로봇사업팀으로 격상시켜 로봇 사업에 본격적으로 뛰어들었다.

2023년 1월 한종희 삼성전자 부회장은 CES 2023에서 "신사업 발굴 첫 행보는 로봇 사업"이라고 밝히며 로봇 사업 진출을 선언했다. 이후 삼성전자는 590억 원을 투자해 협동 로봇 제조업체 레인보우로보틱스의 지분 약 10.3%를 확보했고, 3월에는 4.8%를 추가 매수해 지분을 14.99%까지 늘렸다.

레인보우로보틱스의 지분을 인수한 이후 삼성전자는 웨어러블 로봇 출시를 시작으로 단기적으로는 헬스 케어 사업을 키우면서 중장기적으로는 인간형 로봇 휴머노이드를 개발해 미래 먹거리를 개척할 것으로 예상한다.

특히 보행 보조 로봇으로 알려진 '봇핏'을 2024년 상반기에 출시할 예상이다. 봇핏은 고연령층 소비자와 장애인 활동을 보조하는데 더해 근력 강화와 몸매 관리 기능을 추가하면서 다양한 소비자의

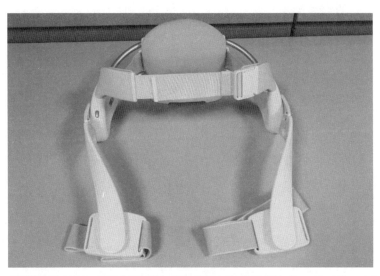

삼성전자 웨어러블 로봇인 '봇핏' 실물 제품. 삼성전자는 최근 내부 테스트를 마치고 구매를 희망하는 임원들에게 봇핏을 판매했으며, 2024년 상반기 출시할 계획이다.

출처 : 파이낸셜뉴스

건강 관리에 도움이 될 수 있을 것으로 예상한다.

2024년 삼성전자는 보행 보조 로봇 '봇핏'을 시작으로 돌봄 로봇, 지능형 로봇, 상호 작용 로봇, 가사 보조 로봇 등 본격적으로 로봇 사업에 진출한 만큼 삼성전자와 로봇 관련된 협업을 진행하고 있는 기업들을 반드시 숙지해야 한다.

다가오는 미래에 가장 큰 먹거리이자 4차 산업의 핵심 키워드는 '로봇'이다. 향후 로봇 산업은 자동차와 스마트폰 산업을 합친 것보다 규모가 더 커질 것이라는 분석이 지배적이다. 그러므로 전 세계 빅테크 기업들은 앞다퉈 로봇 시장을 선점하기 위해 공격적인 투자와 기술 개발에 사활을 걸고 있다.

전 세계를 획기적으로 변화시킬 로봇 산업. 이 거대한 흐름 속에서 국내 대기업들의 자본력에 기반한 기술 투자와 정부의 정책 추진까지 적극적으로 이뤄지고 있는 만큼 국내 로봇 산업은 메가 트렌드가 되기 위한 조건을 다 갖췄다고 생각한다.

삼성전자의 '로봇 투자' 유망 종목 4선은 다음과 같다. (1) **레인보우로보틱스(277810)**는 삼성이 지분 15%를 보유한 협동 로봇 업체다. (2) **이랜시스(264850)**는 삼성 웨어러블 로봇에 감속기를 공급한다. (3) **에스비비테크(389500)**는 이랜시스와 함께 삼성봇에 감속기를 공급한다. (4) **인탑스(049070)**는 삼성 웨어러블 로봇 프로젝트에서 부품 조달부터 생산 조립, AS 등의 과정을 종합적으로 제공하는 데 협력하고 있다.

| 파운드리 글로벌 1위 성공 열쇠 '디자인하우스' |

디자인하우스는 시스템 반도체 팹리스Fabless(설계)와 파운드리를 연결하는 가교 역할을 한다. 팹리스의 반도체 설계가 파운드리 공정에 맞춰 제조될 수 있게 최적화하는 것이다.

설계 도면만으로는 반도체 칩 제조가 불가능하다는 점에서 디자인하우스의 역할은 팹리스와 파운드 기업 모두에게 중요하다. 그래서 세계 반도체 시장에서 디자인하우스 협력사는 조력자를 넘어 성공의 열쇠로 인식되기 시작했다.

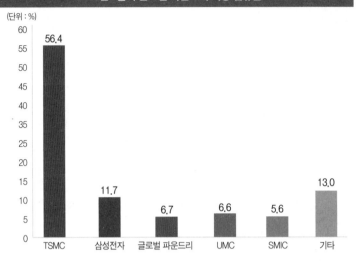

(단위 : %)

출처 : 트렌드포스

삼성전자가 넘어야 할 거대한 산이자 파운드리 글로벌 시장 1위인 대만 TSMC가 세계 시장 60%를 장악하고 있는 가장 큰 동력도 대만 내에 형성돼 있는 강력한 디자인하우스 생태계다. 삼성전자 목표처럼 대만 TSMC를 따라잡고 파운드리 글로벌 1위로 도약하려면 디자인하우스 기업의 중요성은 더 커질 것이다.

또 삼성전자는 AI 반도체 생태계를 키우기 위해 AI 기술 구현의 핵심인 시스템 반도체에 2030년까지 133조 원을 투자하겠다고 발표했고, 차량용 반도체에도 투자하며 고객사 다변화에 속도를 내고 있다.

대표적으로 가온칩스, 코아시아, 에이디테크놀로지 등 디자인하우스 기업들은 삼성과 손잡고 차량용 반도체, AI 반도체와 관련해 오랜 기간 협업을 이어오고 있는 파트너사이므로 향후 추가 협업에 대한 기대감도 높다.

삼성 DSP 투자 유망 종목 3선은 다음과 같다. (1) **가온칩스 (399720)**는 삼성전자, ARM의 공식 디자인 파트너로 공동 연구개발 실적을 보유하고 있다. (2) **코아시아(045970)**의 자회사 코아시아넥셀 은 삼성전자의 차량용 반도체 '엑시노스 오토'의 솔루션 개발, 기술 지원, 고객 기술 검증^{PoC} 개발에 협력하고 있다. (3) **에이디테크놀로 지(200710)**는 TSMC, 삼성전자 양쪽 진영을 모두 경험해본 회사다. 회사를 설립한 이후 15년간 TSMC 파트너였고, 2019년 이후로는 삼 성전자 최대 협력사 중 하나다.

❘ 가전을 넘어 전장 분야로 본격 확대 ❘

자율주행 기술이 가져올 미래는 스스로 달리는 로보택시(자율주 행 로봇)뿐 아니라 로봇의 두뇌에까지 확대 적용할 수 있어 향후 완 전 자율주행을 선도하는 기업은 미래 모빌리티 시장을 독과점할 것 으로 전망된다.

자율주행 시장 규모는 2030년까지 매년 성장해 2030년 글로벌 자율주행차 시장은 약 1,334조 원으로, 2021년 8조 9,000만 원 대

이재용 삼성전자 회장(왼쪽 세 번째)이 2023년 5월 10일 미국 실리콘밸리에 위치한 삼성전자 북미 반도체연구소에서 일론 머스크 테슬라 최고경영자(오른쪽 네 번째)와 만나 기념 촬영하고 있다.

출처 : 삼성전자

비 약 150배 커질 것으로 예상한다. 이처럼 고성장 산업인 완전 자율주행 시장은 기존 글로벌 완성차 업체뿐 아니라 전통적인 IT 업체까지도 앞다퉈 뛰어들고 있다.

테슬라를 비롯해 애플, 구글, 아마존, 마이크로소프트 등 빅테크 기업은 물론이고 국내 대기업도 자율주행 시장을 선점하기 위해 굉장히 적극적이다.

국내 기업 가운데 자율주행과 관련해 최근 가장 활발한 모습을 보여주고 있는 기업은 삼성전자다. 2023년 이재용 삼성전자 회장은 미국을 방문해 테슬라 CEO인 일론 머스크와의 세기의 만남이 성

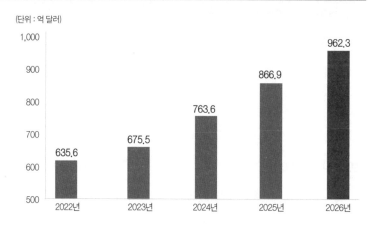

불어나는 차량용 반도체 시장

(단위 : 억 달러)

- 2022년: 635.6
- 2023년: 675.5
- 2024년: 763.6
- 2025년: 866.9
- 2026년: 962.3

출처 : 옴디아

사됐다.

삼성전자 북미 반도체연구소에서 일론 머스크 CEO와 만나 미래 첨단 산업 분야에서의 방안을 논의했다. 현재 삼성과 테슬라는 완전 자율주행 반도체 공동 개발과 차세대 IT 개발을 위한 교류를 활발히 진행 중인데 테슬라의 완전 자율주행 반도체 생산 경험을 토대로 엔비디아와 모빌아이 등의 고성능 반도체 위탁 생산 주문을 따내는 등 차량용 반도체 시장에서 영향력을 키우고 있다.

업계 안팎에서는 이번 면담을 계기로 삼성의 전장용 시스템 반도체 영토가 더욱 확대될 수도 있다는 기대를 하고 있다.

아직 삼성전자는 차량용 반도체 시장에서는 영향력이 크지 않지만 2030년 차량용 반도체가 서버·모바일 등과 더불어 삼성전자의 3대 응용처로 성장할 것으로 예측되는 만큼 삼성과 함께 차량용 반도체 관련 공동 개발과 협업을 진행하는 차량용 반도체 기업들을 주목해보자.

삼성 차량용 반도체 투자 유망 종목 3선은 다음과 같다. (1) **칩스 앤미디어(094360)**는 국내 유일, 세계 3위 반도체 비디오 IP 전문 기업으로, 2023년 9월에 세계 최초로 영상 특화 AI '신경망 처리 장치 NPU' 개발을 완료했다. (2) **텔레칩스(054450)**는 시스템 반도체 전문 팹리스 기업으로, 차량용 '마이크로 컨트롤 유닛MCU'을 본격적으로 양산하고 있다. (3) **넥스트칩(396270)**은 차량용 카메라 영상 처리 팹리스 시스템 업체다.

소외된 낙폭 과대 섹터에서
큰 기회가 온다

03

❙ 바이오시밀러 시장,
2028년 100조 원에 다다를 것이다 ❙

대표적인 성장주로 꼽히는 제약·바이오 섹터는 코로나19 팬데믹이 정점을 찍었던 2021년 초를 기점으로 2년 넘게 가격이 조정됐다. 하지만 여전히 제약 상위 6대 기업은 고성장세를 유지하고 있어 다른 업종 대비 바이오 섹터 밸류에이션 매력도가 상대적으로 높다.

2024년 상반기 미국 FOMC 금리 인하 가능성이 예상되는 가운데, 낙폭 과대 업종별 순환매가 빠르게 진행되고 있다. 업황만 회복

된다면 제약·바이오 주가 회복이 가장 빠르게 진행될 것으로 예상한다.

제약·바이오 섹터가 2차 전지와 IT 섹터에 이어 다음 대체 업종으로 시장에 관심도가 증가하고 있는 가장 큰 이유는 성장성은 그대로인데 주가는 하락세를 보였기 때문이다. 이미 상당 부분 매크로 악재가 선반영돼 있는 상태이므로 경기 침체에 대한 영향도 제한적일 것이라는 예상이다.

바이오·헬스 케어 산업의 투자 심리와 유동성이 서서히 개선되고 있고, 최근 업계 내 적극적인 M&A로 투자 움직임이 다시 살아나고 있다. 이러한 이유로 제약·바이오 업종의 자체 파이프라인의 가치가 재평가받을 것으로 전망된다. 다만 우리나라 바이오 기업의 신약 개발에 대한 성공 확률이 낮으므로 개별 종목으로 접근하는 전략은 위험이 존재할 것으로 보인다.

중소형 제약·바이오 기업들은 인덱스형 바이오 펀드나 바이오 상장지수펀드ETF를 통한 간접 투자가 효과적이다. 또 실적이 지속해서 증가하고 있는 국내 대표 바이오시밀러 기업에 투자하는 것도 고려할 만하다.

바이오시밀러는 특허가 만료된 바이오 의약품에 대한 복제약인 만큼 오리지널 바이오 의약품에 비해 적은 비용과 짧은 기간에 개발이 가능하다. 성공 확률이 높아서 안정적인 매출 성장과 시장 성장 잠재력이 크다.

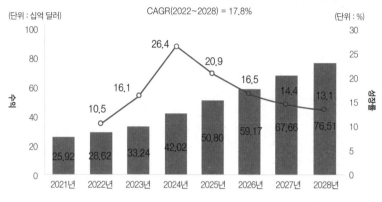

글로벌 바이오시밀러 시장 현황과 매출 전망

CAGR(2022~2028) = 17.8%

(단위 : 십억 달러)

(단위 : %)

출처 : 한국바이오협회

글로벌 시장조사 업체 프로스트앤설리번Frost & Sullivan의 자료를 인용해 발간한 '글로벌 바이오시밀러 시장 현황과 매출 전망'에 따르면, 세계 바이오시밀러 시장은 2023년 286억 2,000만 달러(약 38조 7,000억 원)에서 연평균 17.8%씩 성장해 2028년 765억 1,000만 달러 (약 103조 5,000억 원)에 달할 전망이다.

나폭 과대 '셀트리온' 그룹주로는 **셀트리온(068270)**, **셀트리온헬스케어(091990)**, **셀트리온제약(068760)**이 있다. 이미 글로벌 시장에서 판매 중인 램시마, 트룩시마, 허쥬마, 램시마SC, 유플라이마, 베그젤마 등 기존 6개 제품에 후속 바이오시밀러 파이프라인까지 추가해 바이오시밀러 사업 경쟁력을 더욱 강화하고 있다.

셀트리온의 정맥주사형 바이오시밀러 '램시마'를 보다 편리한 피하주사SC로 바꾼 '짐펜트라'가 2023년 미국 FDA에서 신약 판매 허가를 획득했다. 시장에서는 셀트리온그룹이 3년 내 3조 원 매출이 육박하는 실적을 기록할 것으로 전망한다.

2021년 이후 코로나19 거품이 꺼지면서 제약·바이오 투자 심리가 좋지 못했고, 3사 합병 지연, 회계 분식 의혹 등 겹악재가 이어지면서 최대 손실 폭^{MDD}이 -70% 가까운 하락세가 2년 넘게 이어지고 있다. 충분히 악재가 주가에 반영된 상태에서 2024년 실적 고성장과 업황 턴어라운드 기대감이 있다.

| 게임주, 미워도 다시 한번 |

3년 전 돈 버는 게임^{P2E}, 대체불가토큰^{NFT} 열풍으로 게임주들이 시장의 주도 섹터로 급부상했지만, 잇따라 출시된 신작들이 글로벌 시장에서 주목받지 못하면서 게임 섹터가 장기간 고전하고 있다.

엎친 데 덮친 격으로 국내 게임업계는 미국 연준의 추가 금리 인상 우려와 주가 하락에 배팅하는 공매도 공격까지 겪어 최근에도 일부 종목이 가격 조정을 거세게 받았다. 하지만 한동안 침체 분위기에 빠졌던 게임주가 하나둘씩 반등할 수 있는 요인이 나타나기 시작했다.

첫째, 중국 판호 발급 기대감이다. 2016년 이후 중국 정부가 우리나라 게임에 대한 판호를 발급해주지 않다가 2022년 12월부터 재개하면서 중국 시장에 진출을 추진하는 국내 게임사들에 큰 기회가 될 것으로 전망된다.

판호 획득에 성공한 넥슨게임즈, 넷마블, 데브시스터즈를 비롯해 드래곤플라이, 엔씨소프트, 카카오게임즈, 위메이드 등 다수 게임사가 중국 시장 진출을 준비하고 있어 2024년부터 국내 게임사들이 중국 게임 사업의 수혜를 볼 것으로 예상한다.

둘째, 비트코인 현물 ETF 승인 기대감이다. 2023년 초 비트코인 현물 ETF의 첫 승인이 이뤄질 것이라는 관측이 영향을 미쳤다. 비트코인 현물 ETF가 출시되면 투자자들은 암호화폐거래소 계좌를 개설하지 않고도 증권 계좌를 통해 비트코인에 투자할 수 있게 된다. 이에 따라 기관 투자자 등의 자금이 들어와 비트코인 수요가 늘어날 것이라는 예측이 나온다.

다시금 비트코인을 비롯한 암호화폐 상승장이 오게 된다면 지난번 블록체인 시장에서 주목받고 큰 상승을 보여주었던 P2E 분야 역시 다시 관심을 빛게 될 것이다.

낙폭 과대 '위메이드' 그룹주로는 **위메이드**(112040), **위메이드맥스**(101730), **위메이드플레이**(123420) 등이 있다. 위메이드는 2021년 〈미르4〉의 글로벌 흥행으로 P2E 시장을 주도했던 기업이다.

MDD가 −88%까지 하락하며 2021년 텐 버거(10배) 이상의 상승폭을 이미 다 반납했다. 2023년 4월 출시한 신작 〈나이트 크로우〉가 흥행에 성공한 이후 〈나이트 크로우〉 글로벌 버전 출시에 대한 기대감이 있다.

〈미르의 전설 2〉 IP를 두고 양사 간 법정 분쟁이 종료된 만큼 향후 〈미르4〉, 〈미르M〉, 〈나이트 크로우〉 등 위메이드 흥행작 트리오의 중국 진출에도 탄력이 더해질 것으로 전망한다.

| K-배터리, LFP 양극재 개발에 박차를 가하다 |

2023년 상반기 국내 증시를 주도한 2차 전지 주가가 하반기에 급격한 조정세를 겪으며 상승 폭을 대부분 반납했다. 황제주였던 에코프로 그룹주를 비롯한 대부분의 2차 전지 주는 평균 −60% 이상 급락하며 큰 변동성을 보였다.

결국에 고금리와 고물가 기조가 고착화하면서 소비 부진으로 글로벌 전기차 수요가 악화하고 있다. 그래서 글로벌 전기차 선도 기업인 테슬라를 시작으로 완성차 업체들이 가격 인하에 나서며 국내 삼원계 '니켈·코발트·망간^{NCM}' 배터리 대비 상대적으로 저렴한 리튬인산철^{LFP} 배터리 채택이 늘어나고 있다.

현재 CATL을 비롯한 중국 기업들이 독점하고 있는 LFP 배터리는 삼원계 NCM 배터리 대비 원가가 70~80%로 저렴하고, 안정적이다. 하지만 에너지 밀도도 70~80% 수준으로 저온 성능 저하 현상 등 단점을 지녀서 그동안 중국 내수 시장에서만 주목받았다.

LFP-NCM 배터리 비교		
구분	LFP	NCM
구성 요소	리튬, 인산철	니켈, 코발트, 망간
안정성	높다	보통
주행거리	짧다	길다
수명	길다	보통
가격	낮다	높다
에너지 밀도	낮다	높다
주요 기업	CATL, BYD 등 중국 업체	LG, SK, 삼성 등 우리나라 업체

출처 : SNE리서치

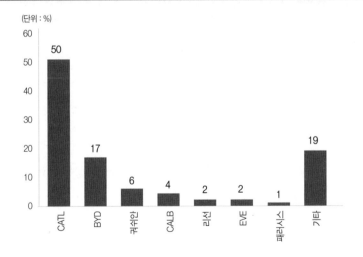

전기차 LFP 배터리 시장 점유율(2020년 기준)

(단위 : %)

출처 : SNE리서치

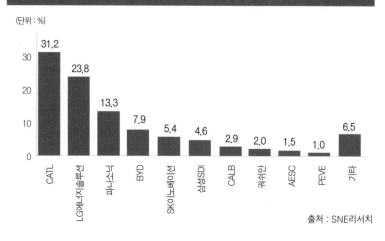

전기차 배터리 제조사 시장 점유율(2021년 1~9월 기준)

(단위 : %)

출처 : SNE리서치

하지만 최근 테슬라와 현대자동차를 비롯해 글로벌 전기차 제조사들이 LFP 배터리를 탑재한 저가 전기차들을 출시하면서 그 위상이 달라지고 있다. 국내 배터리 3사도 시장의 수요에 대응하기 위해 2026년을 목표로 LFP 배터리 개발에 매진하고 있다. 에너지정보청EIA에 따르면, 세계 전기차 배터리 가운데 LFP 배터리 비중은 2020년 6%, 2021년 17%에서 2022년 27%로 확대됐다.

물론 국내 주력 배터리인 삼원계 배터리와의 근본적 성능 차이는 넘어설 수 없을 것으로 보이지만 최근 LFP 배터리 성능이 개선되고 있고, 기술 개발로 에너지 밀도가 점점 좋아지고 있는 만큼 당분간 상승 모멘텀이 부재한 K-배터리 업체들이 추가 동력이 절실한 상황에서 LFP 개발에 총력을 다할 것으로 판단된다. 그래서 LFP 관련 기술력과 생산 능력을 갖추고 있고, 필수 소재를 생산하는 국내 업체에 대한 지속적인 관심이 필요하다.

　LFP 유망 종목 3선은 다음과 같다. (1) **탑머티리얼**(360070)은 LFP 전지 설계와 제조 능력을 보유하고 있고, 고성능 LFP 양극재를 개발하는 데 성공했다. (2) **EG**(037370)는 LFP 배터리의 원료로 쓰이는 고순도 산화철 부문에서 세계 시장 점유율 1위를 자랑한다. (3) **아모그린텍**(125210)은 LFP 기반의 ESS 사업을 영위하고 있다.

주도주가 되는
3가지 조건

2024년 주도주 또는 주도 섹터를 선점하기 위해 반드시 알아야 할 주도주가 되는 조건 3가지를 살펴보도록 하자. 향후 신규로 종목을 매수하거나 현재 내가 보유하고 있는 종목을 점검해 주도주가 될 수 있는 조건에 부합하는지 자가 진단을 할 수 있다.

┃ 없다가
새로 생긴 것 ┃

시장은 늘 새로운 이슈와 재료에 열광한다. 아무리 강력한 상승 재료도 반복된다면 결국 내성이 생기고, 민감도가 떨어질 수밖에 없다. 그러므로 주도주는 매해 새로운 섹터가 증시 '키워드'가 된다.

대표적으로 2021년은 P2E 열풍의 주인공이었던 위메이드가 한 해 동안 +1,100%에 달하는 강한 상승이 나와줬다. 2023년은 오픈 AI의 챗GPT 열풍으로 AI 반도체 대표 종목인 한미반도체(+450%)와 AI 의료 장비 대표 종목인 루닛(+837%)이 AI 상승을 견인했다.

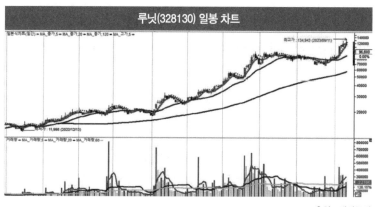

출처 : 대신증권

┃ 악재에서
호재로 바뀐 것 ┃

시장 악재나 불확실성이 해소 국면에 진입했을 때 시장은 강력한 호재로 인식한다. 예를 들어 ① 적자가 지속되던 기업이 적자 폭 축소나 흑자로 전환하는 경우, ② 전쟁(지정학적 리스크)이 종전 또는 휴전하는 경우, ③ 미·중 무역 갈등이 관계 개선으로 돌아서는 경우, ④ 미국 연준이 고강도 통화 긴축을 하다가 긴축 완화 시그널을 보이는 경우, ⑤ 코로나19가 위드코로나(단계적 일상 회복) 또는 리오프닝 되는 경우 등이다.

최근 대표적인 사례는 2023년 11월 공매도 금지 조치로 인해 공매도 상위 종목들이 일제히 상승했고, 특히 공매도로 인한 피해가 가장 컸던 2차 전지 대장주인 코스피 시총 2위 LG에너지솔루션(+22.76%)과 코스닥 시총 1위 에코프로비엠, 2위 에코프로 각각 상한가(+30%)에 안착했다.

┃ 경기 둔화에도
투자를 확대하는 산업 ┃

경기 침체 우려감으로 기업들이 대규모 인력 감원과 투자를 줄이고 있는 가운데 이와 반대로 오히려 인력을 공격적으로 충원하고,

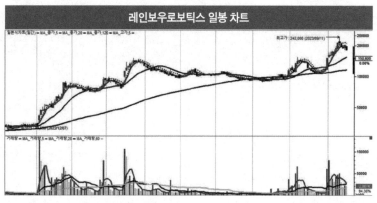

출처 : 대신증권

투자를 확대하는 산업은 시장이 정상화됐을 때 시장의 주도 섹터
가 될 가능성이 크다.

대표적인 섹터는 글로벌 경기 둔화 우려감에도 불구하고 글로벌
기업이 앞다퉈 공격적인 투자와 주도권 선점 경쟁이 치열한 로봇,
AI, 차세대 반도체(HBM, NPU 등), 전기차, 자율주행(미래 모빌리티)
등이 있다.

PART 6

세계 경기 침체,
살아남은 자가 강자

김동호

QR코드를 찍으시면 저자를 만나보실 수 있습니다.

2023년 증시 리뷰와
2024년 시장의 전개 방향 등장

01

┃ 2023년 상반기 : 미국 부양책 효과와
금리 인상 종료 기대로 큰 폭 반등세 ┃

2023년 우리나라 증시는 2022년 10월 글로벌 증시가 미국의 물가지표가 하락한 지 3개월이 지나고 조 바이든^{Joe Biden} 행정부의 인플레이션 감축법^{IRA}과 반도체 산업 육성법^{CHIPS Act}의 경기 부양책에 힘입어 외국인 투자자들의 매수가 확대되면서 본격적인 반등을 시작했다.

2022년 10월 저점 2,155.49포인트를 중기 저점으로 해 바닥권 스윙형 등락을 이어가던 우리나라의 코스피 지수는 2023년 연초 외국인들의 매수가 반도체 관련 주에 집중되면서 전체 시장의 상승 전환에 성공하고 이후 상승 추세를 굳혀가기 시작했다.

국내 투자자들은 이때 2차 전지와 로봇 인공지능AI 관련 주들을 집중 매수하면서 상대적으로 가벼운 코스닥, 중·소형주들이 급등을 주도했다. 연초에는 특히 시가총액이 작은 솔트룩스, 코난테크놀로지 등 챗GPT 관련 주와 에스비비테크, 엠로, 레인보우로보틱스 등의 로봇 관련 주들이 한 달에 100% 이상의 상승을 시현하는 등 시장 분위기를 주도했다.

2월이 지나면서 기존의 AI 로봇주들이 상승에 가세하면서 2차 전지주들의 급등이 시작했는데 이때도 리튬 관련 주와 같이 시가총액이 작은 종목들이 시세를 이끌고 에코프로, 포스코케미칼 등 전통적인 2차 전지 중·대형주들도 동반 급등을 시작했다.

3월이 되면서 연초 급등했던 AI 로봇 관련 주들이 상승세를 멈춘 가운데 반도체 관련 주 중에서 반도체 내 미래 섹터인 AI, 반도체, 자율주행 관련 주인 HPSP, 이수페타시스, 한미반도체 등이 시장의 상승 추세에 합류하면서 시장의 상승 섹터가 확대되어 완연한 강세장의 분위기를 보였다.

이후 7월까지 2차 전지, 반도체 섹터가 순환 상승세를 보이며 2023년 강세장의 전형적인 모습을 보여주었다. 8월 1일 코스피 지수 2,668.21포인트까지 지속 상승을 시현했다.

| 2023년 8월 1일 : 코스피 지수 연중 최고치 기록, 미국 신용등급 강등 |

6월에 접어들면서 우리나라 증시는 미국 연방준비제도이사회^{FRB}의 금리 인상 종료 기대로 서머 랠리로 가는 듯했지만, 기존 상승에 대한 부담과 외국인들의 매수 탄력 약화로 여름장 횡보 조정에 진입하게 된다. 미국 FRB는 2023년 7월 회의에서 0.25%의 금리 인상 등 총 11회에 걸친 급격한 금리 인상을 단행했다.

8월 1일 직전 고점을 돌파하며 연중 최고치인 2,668.21포인트를 기록한 이후 코스피 지수는 그날 밤 국제신용평가사 피치^{Fitch}가 재정 적자와 반복적 미국 정부 셧다운 우려로 12년 만에 미국 신용등급을 기존 AAA에서 AA+로 강등하자 8월 2일 −1.9% 급락을 시작으로 조정세로 전환했다.

특히 미국 나스닥 증시를 필두로 세계 증시가 모두 조정에 진입하는 등 미국이 금리 인상을 종료한 이후 서머 랠리 기대에 가득 차

미국 신용등급 강등 현황

신용평가사	신용등급(조정 시점)	등급 전망
피치	AAA → AA+(2023년 8월 1일 강등)	안정적
S&P	AAA → AA+(2011년 8월 5일 강등)	안정적
무디스	Aaa(유지)	안정적

있던 증권 시장은 여름 휴가철의 계절적 요소와 어우러져 기세 좋던 상승을 마무리하기 시작했다.

| 2023년 8~9월 : 하락 조정 시작 |

8월과 9월 코스피 지수는 신용등급 강등의 여파는 있었으나 2011년과 같은 급격한 급락 없이 여름 휴가철 거래 부진과 미국 연방공개시장위원회FOMC 회의 일정 부재, 미국의 대중국 갈등 격화 방지 노력에 힘입어 기술적인 등락을 보이며 9월 우리나라의 선물옵션 만기까지 특별한 이벤트 없이 횡보 조정을 지속했다.

9월 우리나라 증시의 선물옵션 만기가 지난 무렵, 미국 의회는 10월 1일까지의 예산 통과 법정 시한을 앞두고 45일짜리 임시 예산을 간신히 통과시키자 중국의 미국 국채 매도로 불안하던 미국 국채 시장의 매수 심리가 악화하면서 미국 장기채권 금리가 급등하기 시작했다.

특히 미국 소비자물가지수CPI는 2022년 6월 9.1%로 1981년 11월 (9.6%) 이후 41년 만의 최고치를 기록했고 그 후 1년 동안 완만한 하락세를 보여왔다. 하지만 2023년 7월 이후 더는 하락하지 않고 9월까지 3개월째 완만한 반등을 보였다.

그간 물가 하락이 이어지지 않은 이유로 고용 호조와 견조한 소비 성장이 꼽힌다. 이후에도 상당 기간의 고물가를 지속시키는 요인으로 작용할 것으로 전망됐다. 또 FRB는 물가의 견고함에 장기간 고금리를 지속 경고했다.

채권 시장의 수급 불안과 더불어 고물가 요인들의 장기화가 전망되며 고금리의 지속 가능성이 높아진 가운데 FRB의 고금리 장기화 정책 기조는 연말께 금리 인하를 예상했던 증시의 기대를 무산시키고 증시 조정의 빌미가 됐다.

9월 중순 우리나라의 선물옵션 만기 다음 날부터 미국 장기채권 금리 급등과 함께 하락하기 시작한 코스피 지수는 10월 하순에 들어오며 급격한 속도로 하락을 진행하는데 이유는 이스라엘-하마스 전쟁이 발발했기 때문이다.

이스라엘-하마스 전쟁이 시작된 이래로 우리나라의 코스피 급락이 시작되며 7개월 최저치를 기록했다. 저평가 기본 라인인 추정 주가순자산비율PBR 0.9 라인인 2,400선이 붕괴하며 하락 전환되고 급격히 10개월의 반등이 마감됐다. 2023년 8월 1일 자 가격을 고점으로 한 조정이 본격화됐다.

▌ 2023년 11월 초 : FRB 금리 인상 종료 시사 반등 ▌

10월 말까지 급격한 조정을 보이던 우리나라 증시는 FRB의 금리

미국 금리 인상 2회 연속 멈춤

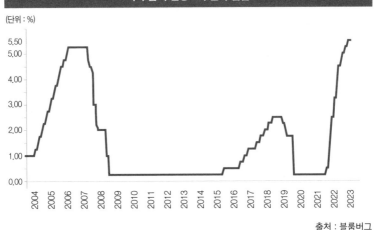

(단위 : %)

출처 : 블룸버그

인상 종료 시사와 국채금리 하락 전환, 2024년 6월 미국 첫 금리 인하 확률을 높게 전망하며 미국 나스닥 증시의 급격한 반등이 시작됐다.

미국은 1년 이상 11차례 이어왔던 금리 인상을 2023년 7월 중단했고 유럽 존, 영국·오스트레일리아·캐나다 등이 2023년 10월 이후 금리 인상을 멈추면서 글로벌 중앙은행들의 물가 안정을 위한 긴축 종료 시점이 도래했음을 확인시켰다.

10월 말 FOMC 이전까지 미국 국채 시장은 중국의 미국 국채 매도가 늘어(기존 최고 비중 대비 40% 수준까지 축소) 시장 내 수요 부진 현상이 뚜렷해지는 가운데 2022년 7월 IRA 등의 부양책과 러시아-우크라이나 전쟁, 이스라엘-하마스 전쟁 지원 등의 재정 확대

요인이 추가되면서 채권 가격 약세, 금리 급등의 상황이 전개됐다.

10월 말에는 미국 10년물 국채금리가 5%대로 진입하는 등 2007년 이후 최고치를 기록하면서 국채금리 급등으로 인한 금융시장 불안감이 고조되면서 증시에도 경기 침체의 우려를 키우는 역할을 했다.

11월 초 FOMC 회의 시점에서 FRB와 미국 재무부는 급등하는 미국 장기 국채금리의 상승을 제한하는 정책적인 스탠스 변화를 보였는데 이것이 결정적으로 미국 증시와 우리나라 증시의 급반등 배경이 됐다.

∣ 2023년 연말까지 : 바이든 경제적 성과 확인, 과시 구간 ∣

미국 대통령 재선의 최고 성공 요인은 재임 시 경제적인 성과였다는 것은 잘 알려진 통계적인 결론이다. 바이든 대통령은 취임 3년 차 이후 4년 차인 2024년에도 이런 경제적인 성과를 유지하고 이를 과시하는 홍보 전략을 지속할 전망이다.

따라서 취임 후 3년 차 말인 2023년 3분기 경제성장률이 4.9%에 달하고 미국 증시가 2022년에 급격한 긴축을 극복했으며 다우존스 산업지수의 경우 신고가에 근접한 수치를 기록하고 있다는 측면을 더욱 강조하고자 할 것이다.

2023년 11월은 미국 대선이 1년이 남는 중요한 시점이다. 역사적으로 많은 대통령은 재선을 위해 취임 2년 차에 강한 부양책을 시행해 3년 차 마감 시에는 이로 인한 경제적인 성과를 수확하고, 4년 차에는 이를 홍보하고 확산해 성공적인 재임 기간이었음을 부각해 재선에 성공하고자 하는 전략을 실행해왔다.

따라서 2023년 11월 이후 바이든 대통령의 선거 전략도 2023년까지의 경제적인 성과를 유지하며 이를 홍보하는데 모든 정책적인 역량을 집중할 수밖에 없을 것으로 예상한다.

FRB의 금융 정책 사이클도 바이든 대통령의 선거 전략에 동조하며 2023년 11월 이후 추가 금리 인상을 단행, 금융 시장과 실물 시장에 스트레스를 주며 경제적인 성과를 훼손할 이유가 없고 물가 상승 심리의 재확산을 막기 위해 양적 긴축은 지속적으로 이어가는 전략을 유지할 전망이다.

바이든 행정부의 모든 정책적인 목표도 결국 재선과 이에 유리한 환경 조성이라고 판단할 때 바이든 행정부는 현재 잘나가고 있는 미국의 경제성장률 수준을 유지하기 위해 각종 통상 외교 정책들을 집약해 진행할 것으로 전망한다.

외교적 측면에서는 중국과의 무역 전쟁, 기술 전쟁, 패권 전쟁을 확대해 현재의 높은 성장을 훼손하려 하지 않을 것이고 물가 급등을 방어하기 위해 중동 전쟁의 확대를 막고 유가를 안정시키고자 할 것이다.

2023년 코스피 나스닥 지수

전쟁 중인 이스라엘과 중동에 토니 블링컨^{Tony Blinken} 국무부 장관을 3주 내 3번이나 파견해 전쟁의 확산을 막고 아랍과의 화해를 추진하는 모습은 기존 미국의 외교 정책 기조와 많이 다른 모습이다. 이는 물가 안정을 위해 유가 안정을 도모하기 위한 바이든 행정부의 의중이 드러났다 할 수 있다.

따라서 미국 증시는 바이든 정부의 의지에 따라 경제성장률 호조와 금융 완화 사이클 시작이라는 모멘텀을 기반으로 강세 박스권으로 유지하려는 경향을 보일 가능성이 커 보인다.

4분기 우리나라 증시는 이와 같은 미국 증시의 흐름에 편승할 수밖에 없어서 지수 하락이 제약되는 모습을 보이고 있다. 미국을 제외한 유럽·중국·아세안 등 주요 교역 상대국들의 경기 부진과 고금리, 고물가의 영향으로 지수 상승의 한계도 뚜렷한 모습이다.

우리나라를 포함한 글로벌 경제는 공급망 재구성과 전쟁의 확산, 여전히 높은 금리와 물가 수준으로 인해 각국의 성장률은 침체에 가까운 부진을 겪을 것이다. 한편 FRB의 정책 턴어라운드에 대한 기대로 금융 시장의 스트레스가 약화할 전망이다.

2023년 11월은 글로벌 증시나 우리나라 증시에도 중요한 분기점이 되며, 2024년 증시의 등락 폭과 추세를 암시하는 기간이 됐다. 새해에도 약세 박스권으로서 저평가 영역에서의 제한적인 등락을 이어갈 것을 시사하고 있다.

2023년 11월부터 연말까지 미국 증시를 중심으로 한 글로벌 증시는 물가 하락과 금리 인하에 대한 기대감이 커지면서 두 달간의 상승 랠리를 지속, 나스닥 지수는 2022년 저점 10,203포인트에서 연말 15,000포인트를 상회하며 47%의 상승률을 기록했다. 우리나라의 코스피 지수도 같은 기간 2,134에서 2,610선까지 22%의 상승을 보이며 미국 증시와 글로벌 증시에 동조 상승했다.

세계 경기 침체 신호 고조와
금융 완화 사이클 기대 사이 박스권 장세

| 2024년 상반기 : 우리나라 증시 저평가 영역 속
바닥 다지기 박스권 장세 |

2024년 상반기는 2023년 8월 이후 지속되던 증시의 하락 추세가 이어지면서 약세 박스권장이 진행될 것으로 전망된다. 고물가 장기화와 국제 정세 불안은 글로벌 교역을 약화시켜 미국을 제외한 국가들을 고물가 속 경기 침체로 이끌 것이다. 미국 또한 경기 부양책의 효과와 초과 저축 소진으로 인한 소비 둔화가 불가피할 것이다.

2022년부터 이어졌던 FRB의 급격한 금리 인상이 2023년 7월을 마지막으로 종료됐으나 미국 경제는 금융 긴축의 효과가 2023년 3분기까지는 거의 나타나지 않는 모습이었다. 2023년 4분기부터 경제성장의 둔화가 보이기 시작했을 뿐 본격적인 긴축의 효과가 발생하는 시기는 2024년 이후가 될 것으로 전망한다.

완만한 침체에 빠질 것이라는 많은 경제 전문가의 예측처럼 2024년 하반기 미국 경제성장률이 2% 이하에서 움직일 때 비로소 미국은 소폭의 금리 인하를 단행할 수 있을 것이다. 이는 2024년 6월 이전이 되기 어려울 전망이다.

비록 미국의 월가에서는 2024년 6월 미국의 첫 금리 인하를 시작할 것으로 50% 전후의 확률로 판단하고 있지만, 미국의 핵심 물가지수 개인소비지출^{PCE}과 분기별 성장률을 고려할 때 상반기는 금리 인하를 시행할 여건이 미성숙될 것으로 전망한다.

한편 미국을 제외한 국가 중 유럽은 2023년 4분기부터 침체에 빠지면서 2024년 상반기에는 본격적인 침체를 겪게 될 것이다. 부동산 구조 조정과 미·중 패권 전쟁으로 어려움을 겪는 중국도 지속되는 부양책에도 불구하고 5% 전후의 성장에 그칠 전망이다.

고금리의 지속과 글로벌 신용 악화 속에서 글로벌 교역 부진까지 이어지며 2024년 상반기 우리나라 경제 역시 침체에 빠질 가능성이 크다. 이 점에서 우리나라 기업들의 실적 부진과 우리나라 증시의 저평가 영역에서의 바닥 다지기 장세는 불가피할 전망이다.

2023년 말 PBR 1배 수준인 2,600선을 회복한 코스피 지수는 쌍 바닥(더블 바텀) 저점을 기록하고 상승 추세로 완전한 전환이 임박한 상황이다. 그렇지만 미국과 유럽 증시의 신고가 또는 근접한 흐름을 고려할 때 상대적으로 뒤처진 성과다.

미국 증시도 2022년 저점 대비 러셀2000 지수가 24%의 상승률을 기록한 데 반해 나스닥 지수는 47%의 상승률을 보였다는 점을 보면 2023년 증시의 상승에서 대형주와 소형주 사이에 차별화가 나타났음을 알 수 있다.

우리나라 증시의 2022년 저점 대비 상승률이 22%에 그쳐 미국의 중소형 지수인 러셀2000 지수와 비슷한 수익률을 보였다는 것은 우리나라 경제가 미국의 고금리 상황에서 미국 중소형주들의 경영 성과와 비슷한 수준의 성과밖에 내지 못했음을 보여준다.

중국 경제의 부진 속에서 중국 의존도가 높은 우리나라 경제는 당연히 미국의 중소형주들보다도 성과가 부진할 수밖에 없으며, 미국 중소형주들의 경우 미국 대형 부자 기업들과는 달리 고금리로 인한 지급 이자 증가로 당기순이익의 약세는 불가피하기 때문이다.

2024년 새해에도 상반기 동안 우리나라 경제는 중국 경제의 부진과 여전한 고금리 여건에 따른 경기 둔화에 직면할 것이다. 기업들의 실적이 금년 대비 크게 좋아질 섹터는 상대적으로 많지 않을 것으로 전망한다.

하지만 실물 경기의 흐름과 달리 늦어도 2024년 6월부터 진행하게 될 미국의 금리 인하와 양적 긴축 종료로 2024년 말 2025년 초

의 큰 폭 금리 인하 정책을 기대하며 증시는 완만한 상승 흐름 또는
박스권의 등락을 보여줄 전망이다.

증시의 상승을 이끄는 것은 유동성과 경기 회복의 실적 개선에
대한 기대감이다. 향후에 오게 될 금융 완화 정책과 이로 인한 경기
회복 기대는 2024년 증시를 이끄는 원동력이 될 전망이다.

2023년 11월 이후 연말 랠리로 다우 지수는 역사적인 고점을 기
록했으며 나스닥 지수도 7%만 추가 상승한다면 역사적인 신고가가

미국 10년물 국채금리 추이

(단위 : 포인트)

출처 : 인베스팅닷컴

가능한 영역까지 진입했다는 것은 증시의 이와 같은 속성을 잘 보여주는 것이다.

따라서 2024년 상반기는 금융 완화 기대감과 실물 경제의 둔화가 상충되는 흐름으로 박스권의 조정세가 이어질 가능성이 클 것으로 예상한다.

지수가 일정 부분 상승하면 경기 둔화의 우려가 조정의 빌미가 되고, 지수가 어느 정도 하락하면 금융 완화의 기대가 반등의 이유가 되는 그런 장이 펼쳐지며 2023년 1년간 상승에 따른 기간 조정의 장세가 박스권의 형태로 새해에는 나타날 것이라 전망한다.

한편 2024년 상반기는 1월 대만의 총통 선거, 4월 우리나라의 총선 선거가 예정되어 있다. 글로벌 정세 측면에서는 대만 총통 선거 이후 미·중 관계의 악화 가능성에 주목해야 할 것이다. 4월 우리나라 총선 이후 그동안 미뤄왔던 부실 구조조정이나 연금 개혁 등의 이슈가 부각되고 일시 금지됐던 공매도가 재개된다는 점도 기억해야 할 이슈들이다.

2023년 동안 크게 상승했던 2차 전지, 반도체, 인공지능 로봇 섹터가 2024년 6월 이후 공매도 재개를 전후로 긴 조정에 들어가게 될지에 대한 냉정한 점검과 대응이 필요할 것으로 판단된다.

2023년 상반기 우리나라 주가지수는 5월과 6월에 미국의 첫 금리 인하 그리고 한국의 공매도 재개라는 이슈가 맞물리면서 꽤 강한 급등락이 펼쳐질 수 있음을 대비해야 할 것이다.

정책적인 측면에서 2024년 5월 10일이면 윤석열 대통령 취임 만 2년이 된다. 역대 여당과 정부는 대통령 임기 종료까지 3년이 남은 상태부터 다음 대선의 승리를 위해 여러 정책을 집중적으로 기획 실행해왔음도 주목해야 할 대목이다.

집권당은 집권 3년 차부터 경기, 주가, 주택가격 등을 부양하고 자 하는 강한 드라이브를 걸었다는 점을 고려해 2024년 6~9월은 11월 예산을 준비할 때 이전보다 더욱 강한 정책적 부양책을 입안 하는 시기라는 점을 생각하자.

한편 미국의 대선 사이클로 볼 때 미국 증시는 2024년 6~7월 각 당의 대선 후보를 확정하므로 2024년 상반기는 바이든 행정부 기 간 동안의 증시 성과들이 조금씩 조정되기 시작하는 시점이 될 가 능성이 크다.

| 2024년 하반기 : FRB 금융 완화 시작과 미국 대선 불확실성으로 바닥 모색 |

2024년 하반기는 새로운 상승의 추세를 모색하고 바닥을 다져가 는 시기가 될 전망이다.

미국은 2025년 1월 중순 새로운 대통령이 취임한다. 새 대통령이 취임하면 2달간의 허니문 랠리가 일반적이므로 2025년 초의 허니 문 랠리에 관한 준비 과정이 진행될 것이다.

FRB의 정책 사이클 측면에서도 2024년 하반기는 긴축 정책을 마감하고 금융 완화 정책으로 전환하기 시작하는 흐름이 될 것으로 예상한다. 2023년 7월 금리 인상을 종료한 후 약 1년의 고금리 기간을 거쳐서 미국 경기의 완화와 고물가가 안정화되는 수준으로 떨어지면 FRB는 2024년 9월 이후 첫 금리 인하를 단행할 수 있을 것으로 예상한다.

FRB의 점도표를 보면 2024년 9월 PCE 물가 예상치가 2.6% 정도가 되면서 미국의 잠재성장률을 고려한 실질금리가 4.6% 정도가 되므로 기준금리를 한두 차례 내릴 수 있는 여건이 된다.

우리나라도 2024년 5월 10일이면 윤석열 대통령 취임 만 2년이 지나 3년 차가 시작되며 연말이면 대통령 임기가 반환점을 돈다. 이 점을 고려할 때 우리나라의 경기 사이클과 증시 사이클도 새 정권에 맞는 정책 드라이브가 강해질 것으로 예상한다.

2024년 예산 편성 시점인 8~9월부터 집권당의 의지를 담은 경기 부양적이고 자산가격의 상승을 유인하는 정책이 본격화하며 증시에서도 새로운 주도 섹터의 등장 시도가 나타날 전망이다.

이때 미국도 새로운 대통령이 누가 될 것인지에 대한 어느 정도의 윤곽이 나올 것이라서 미국과 동조한 주도 섹터들이 출현할 것으로 예상한다.

42년 최고치를 기록했던 미국의 역사적 물가를 안정화하기 위한 미국 FRB의 강력한 긴축이 마무리되고 금융 완화로 전환될 수 있는 여건이 점점 무르익어가고 있다는 점에 더욱 초점을 맞춰야 한다.

역사적 수준의 금융 긴축에 대한 후폭풍으로 글로벌 금융 시장을 타격할 금융 사고가 나타나거나 예상치 못했던 전쟁의 발생이 있을 수 있지만 이와 같은 큰 악재의 발생은 오히려 FRB 입장에서 더욱 강한 금융 완화 정책을 펼 빌미가 될 수 있다.

일시적으로 발생할 금융 위기나 전쟁 위기는 증시에 단발성 악재가 되고 이벤트 발생 시 곧바로 FRB의 강력한 금융 완화책이 발표될 것이라는 점을 주목하면, 단기적 큰 악재는 FRB의 정책 발표 시점에서 큰 증시 저점 매수의 기회가 될 것이다.

과거에도 강력한 긴축을 마무리하고 새로운 금융 완화 사이클이 시작될 때 완만한 형태의 정책 전환보다는 글로벌 금융 시장을 긴장시킬 빅 이벤트들이 발생하고 이를 안정화시킨다는 명분으로 FRB가 큰 폭의 금리 인하와 양적 완화를 동시에 단행한 사례가 많다.

따라서 2024년 하반기와 2024년 말의 증시는 바닥을 모색해가는 과정에서 이런 빅 이벤트의 발생을 기다려 그 이벤트가 발생한 후 FRB의 긴급 시장 개입성, 큰 폭의 금리 인하와 양적 완화를 기다리는 것이 좋은 전략이 될 것이다.

지수가 바닥권에서 완만한 바닥을 형성하는 횡보 과정에 진입해 있다 하더라도 주식 비중을 100%로 가기보다는 바닥권에서 분할 매수를 통해 우량주 중심으로 3분의 1 정도의 비중을 구축해가다가 빅 이벤트가 발생했을 때 3분의 1 비중을 추가로 싣고, 상승 추세가 확연한 시점에서 추가로 비중을 담는 3분할 전략이 좋을 것이다.

코스피 지수에 대한 예상은 1년 이후의 일이기 때문에 조심스럽지만, 본인의 예상으로는 2,400포인트쯤 박스권 하단에 도달하지 않을까 판단된다. 이 지수는 PBR 기준으로 0.9배가 되는 저평가 영역이므로 기관 외국인 스마트머니들의 저가 매수 포인트가 될 전망이다.

단, 글로벌 빅 이벤트(세계적 금융 사고 또는 큰 전쟁)가 발생하지 않은 상황에서는 저점이 확정됐다. 판단을 유보하고 진정한 저점을 찍을 이벤트에 대비도 하면서 우량주의 소량 분할 매수만 유지할 것으로 제안한다.

2024년 우리나라 증시가 절대 저평가 영역에서 박스권 등락을 거듭하고 바닥을 다진다는 것은 과거 약 20년 동안 유효했던 장기 상승 모멘텀이 구조적으로 약화됐음을 의미한다.

이유는 대중국과 개발도상국에 관한 의존도가 높았던 경제 구조가 이들 국가의 성장 탄력 약화와 경쟁 확대로 우리나라 수출 경쟁력이 약화됐음을 반영하기 때문이다.

한 국가의 주가지수는 그 나라의 현재 건강 상태와 미래 전망을 내포한다는 측면에서 기술적 지표상의 주요 포인트 훼손과 주가 밸류에이션상의 주요 포인트 훼손은 저점 추정에서 새로운 접근을 의

미하므로 기존에 유효했던 저점 추정의 기준이 달라질 수 있다는 것을 의미한다.

┃ 미국 대선, 정권 교체기의 국제 정세 불안 가능성 ┃

단, 2024년 연말은 미국 대통령의 정권 교체기라서 지금이 국제 정세상 평시라면 미국 대통령 교체기에 별다른 변화가 없겠지만 전 세계 40개국이 내전 상태에 있다.

러시아-우크라이나 전쟁과 중동 불안이 이어지는 가운데 우려했던 2024년 초 대만 총통 선거와 그 이후 중국과 대만 갈등의 증폭이 추가적인 국제 정세 불안을 고조시킬 수 있다는 점도 주의해야 할 포인트다.

경제적으로 침체를 겪게 될 세계가 새로운 갈등의 증폭으로 인한 또 다른 큰 전쟁의 기운이 일어난다면 기존 질서 속에서의 증시 전망을 뒤엎고 새로운 질서로 이동하기 위한 파괴적인 상황들이 발생할 가능성도 염두에 두어야 한다.

기술적인 측면이나 밸류에이션 상황, 정책적인 전환 가능성을 고려한다 하더라도 돌발적인 큰 국제 정세상의 위기는 주가 저점을 새로운 지점으로 이동시킬 가능성이 있으므로 이를 대비해야 할 것이다.

| 세계적 고금리 속
민간 금융 신용 경색 심화 |

한편 고물가와 고금리 지속으로 부채 의존도가 높은 개발도상국과 중소기업들이 경기 침체의 악영향을 크게 겪게 될 전망이다. 중국의 부동산 신용 경색과 겹쳐지면서 개발도상국의 큰 위기가 발생하고 이것이 전 세계 금융 시장에 전염될 가능성도 대비해야 할 것이다.

우리나라 경제는 중국·아세안 등 개발도상국에 대한 수출 의존도가 높다. 이 국가들이 고금리 신용 위기를 극복하지 못하고 경제 위기 상황이 발생하게 된다면 이것이 전염되면서 아시아 외환 위기 때와 같은 위기 상황이 나타날 개연성도 있다.

위기 가능성이 큰 개발도상국은 중국·베트남·스위스·스웨덴·멕시코 등이다. 이들 국가에서 위기가 발생하면 상당한 파장이 우리나라 증시에도 영향을 끼칠 것이라는 사실을 특히 수목하고 내비해야 한다.

단, 이와 같은 위기가 확산하면 IMF와 FRB가 금융 위기 확산을 차단하기 위한 강한 금융 완화 정책을 펼 수 있다. 이는 증시의 큰 상승의 촉매가 될 것이라는 점을 유념할 필요가 있다.

| 미·중 패권 전쟁
악화 |

한편 미국의 대중 외교 정책이 현상 유지가 아닌 공격적으로 선회하는 경우, 미·중 패권 전쟁이 전 경제적인 분야로 확산하는 경우 반도체뿐 아니라 우리나라 경제와 증시에 끼칠 큰 충격 가능성도 상존한다.

바이든 대통령의 국정 지지도에서 내치 지지도가 낮고 특히 물가 안정에 실패했다는 인식이 지속되면서, 내치에서 대선의 승부 포인트를 잃은 것이 확실해질 때 바이든의 대선 승부 포인트는 외교와 국제 정치 부분이 될 것이다.

바이든 행정부가 재선의 승부처로 정치 외교적인 측면으로 전환한다면 전시를 방불케 하는 위기 상황에서 전시 대통령 적합도라는 이미지를 고조시킬 경우 글로벌 증시는 큰 불확실성 속으로 빠져들 수 있다.

역사적으로 국내적 경제 상황이 좋지 못하고 이로 인한 지도자의 지지율이 처참한 상황일 때 리더십 회복을 위한 승부수는 반드시 국제적인 갈등의 고조와 분쟁의 확대, 나아가서는 큰 전쟁의 발발이 있었다는 점을 주목하자.

중국도 미국의 탈중국 정책과 견제가 이어지는 가운데 국내적으로 쌓여 있던 부동산 부실 문제가 확산되고, 고령화 저성장으로 인한 실업률 급증 때문에 경제적인 어려움을 스스로 극복하지 못하는 상황이다. 시진핑의 내치에 대한 지지율이 악화되고 사회 불안이 내부적으로 고조된다면 위험한 선택을 할 가능성이 충분하다는 점도 주목하자.

2024년 상반기,
박스권 장세 대비하라

03

┃ 지수 박스권
바닥권 틈새 종목 ┃

2024년 상반기는 고금리와 경기 침체로 지수의 하락이 이어지는 가운데 주목할 섹터로는 경기 방어주와 틈새주에서 기회를 찾아야 할 것이다.

미국은 바로 침체에 들어가지 않겠지만 미국을 제외한 유럽이나 아시아의 경기 침체는 방어주에 대한 관심을 높이게 될 것이다. 또 지수의 약세로 인해 지수 하락을 이길 수 있는 이슈나 뉴스 이벤트와 관련된 틈새 테마주들의 순환 상승만이 시장의 주목을 받게 될 전망이다.

상반기 주요 예상 이슈로는 4월 우리나라 총선, 중동 전쟁의 확산, 대만 총통 선거 관련 갈등으로 전쟁 관련 주, 원자재 관련 주, 희토류 관련 주 등이 있을 것이다.

그 밖에도 겨울철에 찾아오는 조류 독감과 폐렴 등 질병 관련 이슈들이나 이와 연관된 연초 JP모건 헬스 케어 컨퍼런스, CES 컨퍼런스 등이 작은 틈새 테마주들의 움직임들을 만들 전망이다.

2023년 3분기 성장률 피크 이후 미국은 2024년 1월과 4월 실적 시즌이 모멘텀이 되지 못할 전망이므로 상반기는 테마주에 집중하는 전략이 필요하다.

| 정치 테마와 전쟁
관련 주 |

2024년 1분기는 정치 테마와 전쟁 관련 테마주에 주목할 필요가 있다.

정치 테마는 2023년에도 언급한 오리콤(010470), 오파스넷(173130), 부방(014470) 등의 종목에 주목해보자. 전쟁 관련 주는 퍼스텍(010820)과 빅텍(065450), 방산 테마로는 SNT다이내믹(003570), 한일단조(204740), 제이씨현시스템(033320) 등에 관심을 두면 될 것이다.

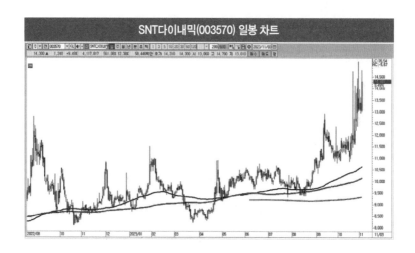

SNT다이내믹(003570) 일봉 차트

｜경기 침체를 이길
방어주 ｜

2024년 2분기는 테마주들이 한풀 꺾인 가운데 경기 침체의 확대
와 함께 방어주들을 중심으로 한 접근이 필요해 보인다. 대표적인
방어주는 제약·음식료·엔터 등에서 찾아보는 것이 좋아 보인다.

이미 많이 올랐던 종목보다는 바닥권에서 새로운 상승을 모색하
는 제약·바이오주를 중심으로 방어주를 우선으로 하는 것이 필요
하다. 지수가 조정세가 이어질 흐름이므로 2023년 상승 후 지수 조
정과 함께 하락하는 종목군보다는 바닥권에서 막 상승을 시작하는
섹터로는 제약·바이오 섹터가 눈에 띄기 때문이다.

하반기 지수 저점이 모색되고 2025년에 상승 전환이 시도될 것이

라서 다음 상승의 중심에 서게 될 섹터는 향후 지수가 상승 추세로 가기 전 먼저 상승 전환할 섹터가 될 것인데 2013~2018년까지 지수를 주도했던 적이 있기 때문이다.

2025년 지수 상승기에도 물가 우려로 인한 완만한 금리 인하와 미·중 패권 전쟁의 지속, 국제 분쟁의 확산으로 세계 경제가 과거와 같은 고성장의 상황으로 돌아가기 어렵다는 점에서 저성장 속에서 시장을 이끌 수 있는 필수 소비재와 우량 실적주에 관심이 높을 전망이다.

제약·바이오주로는 한올바이오파마(009420), 알테오젠(196170), 휴젤(145020), 메디아나(041920)를 추천한다. 실적 우량주로는 비즈니스온(138580), 감성코퍼레이션(036620), 삼영(003720), 노바티스 등을 권한다.

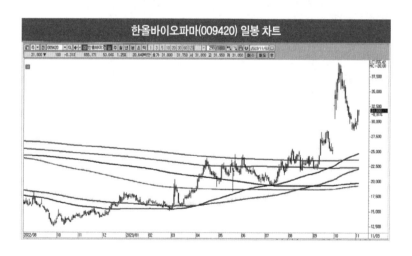

PART 6 세계 경기 침체, 살아남은 자가 강자 **229**

2024년 하반기,
살아남은 자가 강자가 된다

| 뉴노멀 시대, 금융 완화 사이클 시작과
새로운 주도주의 모색 |

2024년 하반기에 지수 바닥을 모색하는 가운데 FRB의 금융 완화가 시작되겠지만 바닥을 다지는 기간일 뿐 증시의 큰 상승을 유발할 만한 환경은 되지 못할 것으로 전망된다.

증시가 바닥을 다지고 있는 동안 2007년 이후 최고치를 기록한 미국 장기금리의 고점이 확인된 이후 새로운 금융 완화와 장기 채권의 상승 랠리가 시작될 것이다. 이것은 증시에서도 5~10년을 상승할 수 있는 새로운 주도주를 탄생시키는 배경이 될 전망이다.

전 세계적으로 고령화와 저출산으로 인한 생산가능인구 감소로 인해 저성장이 고착화하는 상황에서 새로운 주도주들을 탄생시킬 것이다. 이때 주목할 섹터는 헬스 케어 제약 섹터가 될 전망이다. 관심 종목으로 AI와 로봇 기술을 활용한 성장 기업과 혁신 기업들에 주목해보자.

산업 기술 측면에서도 AI와 로봇이라는 큰 기술 산업의 성장과 함께 전통적인 산업들의 쇠락이 함께 진행되는 모습을 지속적으로 이어갈 것으로 전망한다.

예를 들면 반도체 산업 내에서도 AI 기술과 로봇 기술을 활용해 생산성과 수익성을 확보할 기업들의 등장에 주목하자. 헬스 케어 산업에서 그러했듯이 검사 장비 산업이나 반도체 신소재 산업에서 스타 기업들이 등장할 수 있다.

한편 국제 정치·군사적인 측면에서 미국·중국·러시아의 영향력이 약화하고 분쟁 가능성이 커지는 다극화 체제로 진환되면서 전쟁 관련 산업의 고성장이 불가피해 보인다. 이는 AI와 로봇의 강점을 활용한 무기들을 생산하는 기업들이 될 것이다.

(1) **저출산 고령화** : AI 의료, AI 제약·바이오 관련 기업으로 딥노이드(315640), 아이센스(099190) 등을 추천한다.

(2) **로봇·AI** : 반도체 전기차 분야, 검사 장비 신소재 기업으로 테크윙(089030), 두산테스나(131970) 등을 눈여겨보길 바란다.

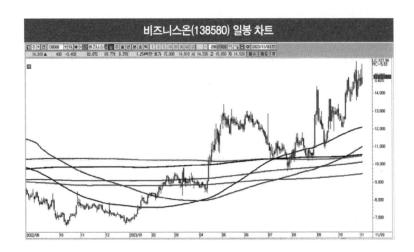

비즈니스온(138580) 일봉 차트

(3) **미래 방산** : 우주 항공, 미사일, 미래 잠수함 기업으로 한국항
공우주(047810), LIG넥스원(079550), 한화오션(042660) 등에 관심을
가져볼 만하다.

2024년에는
무릎에 사서 어깨에 판다

05

│《2023 주식 변곡점의 기회를 잡아라》
성공 사례 │

2023년 주식 시장의 전망과 전략을 담은 《2023 주식 변곡점의 기회를 잡아라》에서 소개했던 대표적인 성공 사례를 알아보자.

첫 번째 종목은 K-뷰티 종목 비올이다. 비올은 연초 3,210원에서 8월에 8,920원까지 177.9% 상승하며 상반기 K-뷰티 헬스 케어 상승의 중심이 됐다. 연초 소개한 시점의 주가는 2022년 9월에 1,635원에서 96.3%가 올랐지만 소개한 가격이 중장기 사이클 분석

비올(335890) 일봉 차트

상으로 무릎을 조금 지난 시점이라 고점까지 200% 가까이 상승하며 시세를 냈다.

두 번째 종목은 하반기 반도체 턴어라운드를 기대하며 반도체 톱픽으로 제시한 HPSP(403870)다.

HPSP는 2023년 1월 초 1만 3,550원에서 9월에는 3만 9,550원까지 191.9% 상승률을 기록하며 200% 가까운 상승을 보여주었다. 이 역시도 저점 대비 30% 상승한 상태에서 소개했지만, 중장기 상승 사이클 초입인 무릎 근방에 소개해 큰 상승률을 기록할 수 있었다.

| '무릎 매수 어깨 매도'는
늘 진리 |

2024년 증시도 전문가들이 일반적으로 예상하는 경로를 따라 움직이지 않을 수 있다.

2023년 증시를 예상할 때 증권가의 많은 전문가와 정부 예측 기관들은 경기와 주가가 모두 상저하고, 즉 상반기는 약하고 하반기에 상승 전환할 것이라고 전망했다.

하지만 어떤가. 2023년 글로벌 증시와 우리나라 증시는 연초부터 상승세를 지속하면서 상반기 끝자락에 오히려 고점을 기록하고 하반기 8월 1일을 고점으로 해 연말까지 약세가 펼쳐지지 않았던가.

2024년 지수는 많은 증시 전문가들의 예상과 같이 9월 이후 바닥을 모색하고 2025년 초 상승 전환이 될 것인지 여부는 세상의 변화에 달렸다. 증시는 예상된 경로로 갈 때보다 그렇지 않을 때, 어떤 대응 전략으로 시장의 변화에 석응하느냐 하는 것이 성패의 핵심이 되는 곳이다.

당초 구축했던 증시 전망이 증시 환경, 즉 경제지표 움직임, 국제 정세 격변, 정책 변화, 수급 변화 등이 예상과 달리 발생한다면 새로운 변화를 반영해 기존 전망을 적응시켜 시장 변화에 따른 최적의 전략 수정을 반드시 해야 한다.

나는 2023년 8월 1일 이전까지 지수의 지속 상승을 전망하며

2,800선까지의 상승을 기대하고 있었다. 그러나 그날 밤 미국의 신용등급 하향 조정과 다음 날 우리나라 증시의 1.9% 하락 등으로 기존 전망을 접었다.

글로벌 증시의 단기 급락과 외국인들의 대규모 선물 매도를 목격하며 미국의 신용등급 강등이 추세에 변화를 줄 수 있는 변수라고 수용하고 남은 하반기 지수 전망을 하향 조정했다.

8월 1일 당시 우리나라 장도 연중 고점을 경신하고 2,800선으로 갈 것으로 전망해 주가 지수 워런트 8월물 콜을 보유하고 있었다. 당일 종가에서는 수익을 기록하고 있었으나 그 후 손실을 맛보았다.

손실로 인해 증시 전망을 수정한 것은 아니지만 시장에 대한 뷰를 수정하면서 하락 가능성에 무게를 두고, 9월물 이후부터는 풋으로 전환했다. 10월물에서는 최고 수익률 1,200%, 평균 수익률 750%의 대박 수익을 올렸고 11월물에서도 400% 이상의 큰 수익을 올릴 수 있었다.

또 기존에 보유하고 있었던 비올, HPSP, 오파스넷, 한미반도체, 이수페타시스 등의 종목을 매도한 이후 '곱버스'라 불리는 KODEX 200선물인버스2X(지수 하락률의 2배 수익 ETF)를 비중 50% 이상으로 해 매수 연말까지 30% 가까운 수익을 올릴 수 있었다.

2021년 11월 미국의 2021년 4분기 경제성장률이 7%를 기록하며 호황을 보여주었다. 미국 나스닥 지수가 사상 최고점을 경신하던 시점에서도 당시 미국의 물가지수 급등을 확인하고 미국의 급격한 긴축을 예상하며 물가 폭등이라는 기록적 지표 변화에 대응해 지수 전망을 하방으로 전환했다.

당시 보유하고 있었던 원전 테마 대장주 일진파워(30% 비중)와 한전기술(30%)을 각 240%와 110% 수익으로 전량 차익을 실현하고, 지수 추세가 하락으로 전환할 것에 대해 대비를 했다.

2021년 11월 코스피 지수는 미국보다 앞선 2021년 7월 고점을 기록한 후 헤드 앤 숄더, 즉 오른쪽 어깨를 지나고 있어 지수 급락 직전의 횡보세를 보이고 있었다. 횡보하는 급락 직전의 상황에서 차익을 실현한 자금으로 60% 이상의 계좌 비중으로 곱버스를 매수했다. 그래서 2022년 11월까지 홀딩, 2023년의 긴축 폭락 장을 40% 이상의 수익으로 마감할 수 있었다.

시장은 항상 변한다. 그것이 상승 추세가 끝나는 징조이거나 추세 전환이 확정일 때는 기존 주식 보유 포트의 변화를 주어 상승 추세가 끝나는 흐름상 횡보 시에는 주식 비중을 축소해야 한다.

또 하락 전환이 확정일 때는 지수 하락 시 수익을 낼 수 있는 상품을 포트에 담고, 하락을 수익으로 연결하는 전략으로 반드시 수정해야 한다.

2024년 증시도 지금은 알 수 없는 새로운 변화들이 생길 것이다. 예상의 기본 가정을 흔들 수 있는 변화가 생길 때 반드시 포트 전환을 포함한 전략 변화가 있어야 수익을 지키고 늘여갈 수 있다는 점을 이 책을 읽으면서 꼭 기억하자.

정답이 없는 주식 시장에서
방향을 잃지 않는 법

2024년은 갑진년甲辰年으로 푸른 용의 해다. 푸른 용의 기상만큼 세계 경제가 피어오르기를 바라지만, 주식 시장은 변곡점의 해가 될 것이다. 증권가에서는 2024년 주식 시장에 대해 상고하저, 상저하고, N자형 패턴 등 갑론을박이 벌어지고 있다. 그만큼 금리라는 변수가 작용하기 때문일 것이다.

하지만 현재 기준금리가 높다는 판단은 지배적인 상황이고, 미 FOMC가 금리 전망 점도표로 내년 중 3회 기준금리 인하 가능성을 보이며 금리 인상 사이클 종료를 시사했다. 이에 시장에서는 고금리 장기화 우려감이 사라지며 2024년에 금리 하락까지 예상하고 있다.

금리 인하가 시작되면 시장에는 새로운 주도주가 탄생하기 마련이다. 생쇼 매니저들이 각자의 인사이트를 바탕으로 상승세가 유망한 섹터와 섹터별로 기업들을 정리해두었으니 투자 판단에 참고하기를 바란다.

또 2024년은 한국의 총선을 비롯해 40개국에서 대선과 총선을 치른다. 국내는 4월 10일 제22대 국회의원 선거가 예정돼 있다. 총선을 앞두고 정치적 이벤트에 따른 불확실성도 증폭될 수 있다.

따라서 단기적 트레이딩 관점에서도 시장을 대응해야 할 필요가 있는데 〈생생한 주식쇼 생쇼〉는 정치적 이슈를 포함해 시장에 영향을 미치는 각종 모멘텀들을 가진 개별 종목도 다루고 있다. 중장기적 투자 관점뿐 아니라 단기적 트레이딩에 관심 있는 투자자라면 이 점도 참고하기를 바란다.

정답이 없는 주식 시장에서 가장 중요한 것은 가시밭길 속에서도 방향을 잃지 않는 투자자만이 아름다운 꽃길을 누릴 기회를 가진다는 것이다. MBN 골드 매니저들의 수십 년의 경험과 노하우가 담긴 이 책이 독자들에게 방향을 잃지 않도록 도와주는 나침반 같은 존재가 되기를 바란다.

매일경제 TV 대표 프로그램 〈생생한 주식쇼 생쇼〉 6인의 매니저 모두 그 기회를 잡기 위한 사명감으로 뭉쳤다. 보다 시장 상황에 맞는 적극적인 종목별 투자 전략이 필요한 독자들이라면, 월~금 낮 12시 매일경제 TV 〈생생한 주식쇼 생쇼〉를 통해 시장 상황에 맞는 종목별 인사이트까지 얻어가기를 바란다.

2024 유망 업종 TOP 종목

	업황	김동호	김용환	김영민	김준호	김태윤	노광민
1	반도체	에이직랜드	이수페타시스	HPSP	ISC	SK하이닉스	이수페타시스
2	2차 전지	posco홀딩스	에코프로비엠	에코프로비엠	탑머티리얼	포스코퓨처엠	에코프로비엠
3	자동차	서연이화	현대차	에스엘	현대오토에버	기아	현대차
4	로봇	현대무백스	두산로보틱스	레인보우로보틱스	레인보우로보틱스	레인보우로보틱스	두산로보틱스
5	HBM	에이엘티	한미반도체	한미반도체	한미반도체	한미반도체	한미반도체
6	온 디아비스 AI	퀄리타스반도체	칩스앤미디어	가온칩스	슈어소프트테크	칩스앤미디어	제주반도체
7	의료 AI	아이센스	루닛	루닛	큐렉소	뷰노	제이엘케이
8	자율주행	스마트레이더	현대오토에버	해성디에스	퓨런티어	칩스앤미디어	퓨런티어
9	건설기계	HD현대건설기계	현대건설	두산밥캣	두산밥캣	HD현대인프라코어	HD현대건설기계
10	전력기기	효성중공업	한국전력	제룡산업	LS전선아시아	한국전력	일진전기
11	신재생에너지	씨에스윈드	씨에스윈드	한화솔루션	일진전기	씨에스베어링	한화솔루션
12	디스플레이	세경하이테크	선익시스템	선익시스템	선익시스템	피엔에이치테크	LG디스플레이
13	엔터테인먼트	아프리카TV	하이브	JYP Ent	JYP Ent	에스엠	하이브
14	방산	SNT다이내믹스	한화시스템	LIG넥스원	현대로템	LIG넥스원	한화시스템
15	제약·바이오	한올바이오파마	펩트론	유한양행	셀트리온헬스케어	종근당	셀트리온
16	중국 소비	네오팜	씨앤씨인터내셔널	위메이드	청담글로벌	글로벌텍스프리	코스메카코리아
17	미용 의료기기	비올	클래시스	클래시스	클래시스	클래시스	클래시스
18	인터넷	NAVER	NAVER	NAVER	NAVER	NAVER	NAVER
19	우주·항공	한화에어로스페이스	한국항공우주	한화에어로스페이스	AP위성	쎄트렉아이	한국항공우주
20	STO	갤럭시아머니트리	다날	서울옥션	한화투자증권	갤럭시아머니트리	갤럭시아머니트리